国家体育总局国家队运动伤病防治与康复专项资助

运动员健康评估标准与方法

（Athletes' health Evaluate methods and standards）

主编　马　云　梁　辰

编者　马　云　国家体育总局运动医学研究所

梁　辰　国家体育总局运动医学研究所

高　璨　国家体育总局运动医学研究所

张建红　国家体育总局运动医学研究所

童　娟　国家体育总局运动医学研究所

陈　根　国家体育总局运动医学研究所

牟秀霞　中国中医科学院广安门医院

编审　汪永利　国家体育总局运动医学研究所

牟秀霞　中国中医科学院广安门医院

天津出版传媒集团

天津科学技术出版社

图书在版编目（CIP）数据

运动员健康评估方法与标准 / 马云，梁辰主编. ——天津：天津科学技术出版社，2017.11

ISBN 978-7-5576-2968-7

Ⅰ. ①运… Ⅱ. ①马… ②梁… Ⅲ. ①运动员－健康－评估 Ⅳ. ①G804.32

中国版本图书馆 CIP 数据核字（2017）第 123088 号

责任编辑 张 婧 王朝闻

天津出版传媒集团

天津科学技术出版社

天津市西康路 35 号 邮编 300051

电话：（022）23332400

网址：www.tjkjchs.com.cn

廊坊市百花印刷有限公司印刷

开本 850×1168 1/32 印张 10.75

2017 年 11 月第 1 版第 1 次印刷

定价：60.00 元

前　言

随着竞技运动水平愈来愈高、竞争愈来愈激烈，运动员亦承受着愈来愈大的生理负荷。定期或不定期地对运动员健康水平进行一般和特殊的医学检查和评估，筛查出一些可能在训练和比赛中引起受伤、致残甚至威胁生命的潜在因素，最终帮助运动员健康安全地参与训练和比赛，显得尤为重要。目前，对运动员健康评估主要依靠健康体检的实施。

本书是一本对运动员体检各项指标进行分类及综合评估的运动队医疗参考书。本书根据国家体育总局运动医学研究所十余年的运动队医务监督工作经验及积累了三千余名运动员体检资料分析研究而成。运动员健康评估主要是应用临床医学的体格检查和生理生化检测手段，对运动员的一般健康状况、心、肺、肝、肾、血液、内分泌、肌肉骨骼等重要脏器功能进行评估，参照临床诊断标准和单项检查技术以单项参考、统合分析、整体诊断，首先排除病理因素，进而发现由于运动所造成的各种特殊变化，从而对训练的科学性和有效性进行判断。对运动员各项指标的评价不同于普通人，除了考虑临床诊断意义外，更多地要考虑运动员是否有疲劳及疲劳累积、是否有因承受运动训练负荷而导致生理功能改变等运动医学意义，在评价中还要考虑是否需要调整运动量等。因此，本书力争体现运动员各项指标的运动医学特点，帮助从事运动队医疗的医务人员更准确地掌握运动员的健康状态。

由于编写时间仓促加之水平有限，难免有的地方欠准确和有错误，欢迎大家批评指正。

运动员健康评估标准与方法编写组

2017 年 7 月

目　录

第一部分　竞技运动员健康体检与评估总论

第一章　健康评估的目的与任务……………………………………2

第一节　健康评估的目的……………………………………………3

第二节　健康评估的任务……………………………………………5

第二章　国外运动员健康评估工作开展现状………………………8

第三章　运动员健康体检与临床健康体检的区别…………………13

第四章　我国运动员健康评估的特点………………………………14

第五章　运动员健康评估的内容及检查项目………………………22

第六章　体检套餐的制定和选择……………………………………27

第一节　我国运动员常用的体检方案………………………………27

第二节　我国运动员常用的体检套餐和专科检查方案……28

第七章　构建数字化运动员健康管理系统…………………………31

第一节　数字化运动员健康管理系统概述…………………………31

第二节　数字化运动员健康管理系统模块建设……………………32

第三节　数字化运动员健康管理系统的应用价值…………………36

第二部分 运动员健康评估指标与意义分论

第一章 运动员心率指标与意义…………………………………………38
第二章 运动员血压指标与意义…………………………………………42
第三章 运动员心电图指标与意义………………………………………47
第一节 正常心电图……………………………………………………47
第二节 窦性心动过缓与窦性心动过速…………………………………50
第三节 窦性心律不齐…………………………………………………55
第四节 游走性节律……………………………………………………56
第五节 P 波异常（高尖、增宽）………………………………………56
第六节 左室高电压……………………………………………………59
第七节 ST-T 改变与 T 波改变…………………………………………61
第八节 早期复极综合征(ERS) ………………………………………63
第九节 窦房传导阻滞…………………………………………………66
第十节 房室传导阻滞…………………………………………………69
第十一节 右束支传导阻滞……………………………………………74
第十二节 早搏（期前收缩）…………………………………………76
第十三节 逸搏…………………………………………………………78
第十四节 阵发性心动过速……………………………………………80
第十五节 房颤…………………………………………………………82
第十六节 预激综合征…………………………………………………84

第十七节　心率变异性……………………………………………86
第四章　运动员超声心动图指标与意义…………………………90
第一节　每搏输出量…………………………………………………91
第二节　主动脉根部内径（AO）………………………………………94
第三节　左室射血分数………………………………………………96
第四节　左室短轴缩短率……………………………………………98
第五节　左室舒张末期前后径（LVEDD）和左室收缩末期前后径（LVESD）……………………………………………………99
第六节　二尖瓣血流频谱VE峰值和VA峰值…………………102
第七节　左心室 Tei 指数(Tei)……………………………………106
第八节　右心室 Tei 指数(Tei)……………………………………108
第五章　运动员静态肺功能指标与意义…………………………115
第一节　运动员肺通气功能常用指标……………………………116
第二节　运动员肺弥散功能常用指标……………………………127
第三节　运动员支气管激发试验……………………………………129
第六章　运动心肺功能指标与意义…………………………………132
第一节　运动心肺功能测试简介……………………………………132
第二节　运动心肺功能测试前的准备………………………………132
第三节　运动心肺功能测试方法……………………………………135
第四节　运动员心肺功能测试结果评价……………………………137
第五节　运动员心肺功能测试的意义………………………………143
第七章　运动员血常规指标与意义…………………………………145

第一节　白细胞及血小板相关指标……………………145
第二节　红细胞相关指标与意义……………………154
第八章　运动员常用生化指标与意义……………………167
第一节　运动相关指标……………………167
第二节　心肌酶指标与意义……………………198
第三节　溶血指标……………………204
第九章　运动员营养能量系统指标与意义……………………209
第一节　运动员糖代谢常用指标血糖……………………209
第二节　运动员蛋白质代谢常用指标……………………210
第三节　运动员脂代谢常用指标……………………213
第四节　运动员微量元素和电解质代谢常用指标……………………219
第十章　运动员造血功能指标与意义……………………230
第十一章　运动员免疫功能指标与意义……………………237
第一节　运动员细胞免疫检测指标与意义……………………237
第二节　运动员体液免疫检测指标与意义……………………240
第三节　白细胞介素 II……………………246
第十二章　运动员病毒性肝炎指标与意义……………………248
第一节　运动员甲型肝炎标志物检测及意义……………………248
第二节　运动员乙型肝炎标志物测定与意义……………………250
第三节　其他类型肝炎病毒标志物测定与意义……………………251
第四节　病毒性肝炎指标检测的运动医学意义……………………255
第十三章　运动员尿常规指标与意义……………………256

第十四章　运动员骨成分和骨代谢指标与意义……………272
第一节　运动员骨密度（BMD）和骨硬度（BMC）检测指标及意义……………………………………………………272
第二节　运动员骨形成标志物检测指标及意义…………275

第三部分　运动员骨骼肌肉系统常用检查评估与意义

第一章　运动员骨骼肌肉系统常用检查概述……………282
第二章　运动员常用关节部位检查与意义………………286
第一节　运动员肩部常用检查与意义……………………286
第二节　运动员肘部常用检查与意义……………………293
第三节　运动员腕部常用检查与意义……………………297
第四节　运动员手部常用检查与意义……………………301
第五节　运动员髋部常用检查与意义……………………305
第六节　运动员膝部常用检查与意义……………………311
第七节　运动员足踝常用检查与意义……………………317
第八节　运动员脊柱常用检查与意义……………………323
第九节　运动员骨盆常用检查与意义……………………330

第一部分

竞技运动员健康体检与评估总论

从医学角度认为健康体检是指在身体尚未出现明显疾病时，应用医学手段和方法进行的身体检查，包括了临床各科室的基本检查，包括超声、心电、放射等医疗设备检查，还包括围绕人体的血液、尿便的化验检查。

进入 21 世纪后，“健康管理”的理念被越来越多的人们所接受。而在健康管理过程中，健康体检和评估是不可缺少的重要环节和内容。健康体检与临床医疗检查的不同，首先是指导思想不同：健康体检的指导思想是"预防为主"、"治未病"，临床医疗检查的指导思想是"救死扶伤"、"治病救人"。第二是检查目的不同，健康体检的目的是在健康人群中，通过查体发现异常体征，提示可能威胁健康的因素，而临床医疗检查的目的是根据病痛症状，通过查体发现其原因和部位，明确诊断，为治疗提供依据。第三是结果不同，健康体检的结果最终是做出健康体检的汇总报告，即在本次体检中发现的异常体征的解释、分析和处理建议，后续实行健康管理的内容。而医疗体检的结果是书写病历得出诊断结果，后续实行治疗，消除病痛和症状。其它还有围绕的中心点不同、检查的项目不同等等。运动员的体检又与普通人不同，虽然运动员健康体检所采取的步骤方法技术手段与临床大致相同，但检查目的不同：通过定期或不定期的健康体检，可以筛查出一些在训练和比赛中能够引起受伤、致残甚至威胁生命的潜在因素；鉴别出健康问题的性质、原因，排除或诊断疾病，同时要鉴别和确认是否存在训练因素等。由于目的不同，检查的项目、结果的判断以及由结果引导的治疗方法也不同。由运动训练所造成的各种生理变化可视为运动效应；而运动训练所导致的病理变化，则有可能成为训练障碍、也可能发展成为运动性疾病。通过定期或不定期地对运动员健康水平进行一般和特殊的医学检查和评估，可以对训练的科学性和有效性等进行判断，帮助教练员合理地安排和调整训练计划、持续跟踪风险因素、及时发现潜在疾病，最终达到有效管理维护运动员健康的目的。

第一章　竞技运动员健康体检与评估

健康评估是研究如何检查、诊断人们身心健康的一门学科，是健康管理的重要内容和步骤；是引导个体通向各临床学科的重要桥梁，也是反应从个体到社区乃至到区域潜在的或已经存在的整体健康问题的重要信息体现。

运动员健康体检主要是应用临床医学的体格检查和生理生化检测手段，了解运动员的一般健康状况、肌肉关节功能、运动机能状况和心肺、免疫及内分泌功能等，再根据检查结果出综合性判断结果。通过定期或不定期的健康体检，可以筛查出一些可能在训练和比赛中引起受伤、致残甚至威胁生命的潜在因素；诊断或排除是否存在病理状态；通过定期或不定期地对运动员健康水平进行一般和特殊的医学检查和评定，不仅可以判断由于运动所造成的各种生理变化，也可以指导我们了解不同项目运动员团队的健康情况，进而对训练的科学性和有效性等进行判断，帮助教练员合理地安排和调整训练计划；从竞技体育整体来说，长期监督检查运动员的健康情况，也可以研究运动伤病的发生发展规律，从而研究并提出有效的解决办法，最终达到有效管理、维护运动员健康的目的。

第一节 健康评估的目的

健康评估是健康管理的重要内容。从运动员层面来说，由于运动员长期大强度的训练、运动场地的快速转换、还有随训练和比赛而来的心理压力的起伏波动，都使身体承受巨大考验，再加上有些项目对运动员身高、体重和体成分有特殊要求，这些都对运动员的健康状态提出了超乎常人的更高标准。

运动员健康评估与临床体格检查在诊断学方法和技术上基本是一致的，但在目的和意义上却有明显不同。运动员健康评估是竞技体育这一特殊职业的保健方式。运动性伤病的发生发展、从健康到疾病要经历一个完整的发生和发展过程，一般来说，是从处于低危险状态到高危险状态，再到发生早期改变，出现临床症状。这个过程可以很漫长，往往需要几年甚至几十年的时间。其间变化多数并不被轻易察觉，各阶段之间也并无截然的界限。在被诊断为运动伤病之前进行定期的体检、持续的医学监督和评估，保障其健康状态和良好的竞技状态，就有可能成功地延缓、阻断，甚至逆转疾病的发生和发展进程。

健康评估是实施整体健康管理基本程序中的关键性步骤，是确定健康问题的首要环节，更是为运动员、教练员制订训练计划的有力依据。

施行健康评估的目的在于：

了解运动员现在的健康状态和过去的疾病经历，包括健康、疾病和康复情况。

探寻运动项目对健康损伤的特点和规律，为改进训练方式方法提供帮助。

以大型赛事为训练目标、以保障运动员完成比赛任务为目的、动态监督运动员健康与机能状态，提供合理有效的医疗保障方案。

评价医务监督或治疗的效果。从而实现维护健康的目的。

第二节　健康评估的任务

健康评估是对运动员实施医学监督程序的依据，因此首先要明确健康评估的任务。

运动员健康评估的任务是：

一、通过问卷和问诊的形式获取个人健康史、运动史、家族史、生活方式和精神压力等方面的资料；通过医学检查和检测获得运动员的身体各系统的客观数据资料；经过分析上述信息和数据资料得到个人健康体检报告和评估报告。

二、解释个人健康报告及健康信息对健康的影响，制定个人健康管理计划，提供健康指导，制定随访跟踪计划。

三、提供运动风险与疾病风险评估结果

运动员风险评估是通过现代医学和现代健康管理的理论、技术、方法和手段，对运动员的健康状况及影响其健康和竞技状态的危险因素进行全面检测，并评估运动员个体未来发生某些运动性特定伤病的可能性以及对竞技水平发挥影响程度。风险评估是健康管理过程中关键的专业技术部分，是运动伤病预防的第一步。运动风险是身体存在的疾病或是疾病隐患对个人竞技水平发挥的限制、或是运动训练能够诱发严重生命危险的潜在隐患。这种分析过程目的在于提前对发生疾病的可能性进行预警和预计，而不在于作出明确的诊断。健康风险评估不仅要对个人的健康状况、未来患病和健康事件的危险性进行量化评估，更要针对性地提出个性化管理方案，使运动员得到全面的健康维护和保障服务。

风险评估的要素：

1）风险评估需要掌握医学知识、具备风险识别能力；

2)要求运动员个体和项目团队进行定期或不定期的健康体检。定期体检对于疾病的早期发现、诊断和治疗起着非常重要的作用。作为医疗机构和医务人员，已经不能够只是停留在为了解当前健康状况的体格检查和疾病诊断的初级阶段，而应该提供更加科学的风险评估和医学指导，深入做好疾病预防及早期干预，以保证运动员健康水平的维持和提高。

3）风险应对与疾病治疗干预

风险应对是在上述两个过程的基础上，作出相应的应对策略，进而避免风险事件的发生或使风险造成的损失降到最低，也可以称之为风险管理。积极实施干预措施，对高危人群进行非药物或药物的治疗和医学指导，对已经有伤病的运动员人群采用进行综合干预，改变单纯依靠药物的传统做法，防止伤病加重，降低并发症的发生。

四、持续追踪随访、阶段性评估

做到这一点需要定期体检和评估。依据现行的我国竞技体育运动员医疗服务模式，一些体育医院或社会医疗机构可以对运动队进行定期的体检，也可以通讯联络及其他方式，可以纵向的定期观察了解运动员的健康状况。周期一般是 6 个月至 1 年 1 次。在跟踪随访中，医生主要观察运动训练情况对身体的影响；以往慢性伤病的动态变化、治疗效果，并根据随访情况和复查结果来调整提出新的意见。远期随访可获得运动员的身体状况的长期变化、伤病远期演变情况和运动项目的影响等，有利于建立资料档案，研究并掌握某一疾病的发展规律，摸索出更为有效的治疗方法，可有助于医学科学的发展，从而更好地为运动队提供保障服务。

第二章 国外运动员健康评估工作开展现状

国外关于运动员体检模式的研究开展较早，但报道多来自欧美国家的高中和大学等拥有校运动队的学校。美国各州有统一形式和内容的体检模式，常称为 Preparticipation examination（PPE）。澳大利亚虽无 PPE 模式，但 Australasian College of Sports Physicians （ACSP）颁布了医学筛查草案，对国家级及专业运动员进行医学筛查。意大利强制运动员赛前筛检已有 20 多年历史，一项对 33735 名运动员的前瞻性研究表示赛前筛检可以有效防止年轻运动员因肥大性心肌病而猝死的现象。美国 50 个州和哥伦比亚地区的法律和保险均规定对新入队和参加比赛的校代表队运动员委托执业医师、家庭或私人医生等法律承认的具有医学专业资格的人员进行的一般身体检查。

目前在欧美一些国家，对运动员健康的关注是以法律的形式确定下来的。因为西方国家体育事业制度的不同，他们体检的目的既不是为选拔运动员，也不是监测身体机能水平，主要是作为的保障运动员人身安全必须进行的一种医学手段，是依据法律规定进行的“规定动作”。也是作为决定运动员是否有安全参与运动的能力的第一步，追踪和评价运动员既往和现在的健康问题，全面筛查出某些方面的不足和弱势，查出可能对运动过程存在的潜在威胁。

美国的运动员健康水平医学检查和评估始于上世纪 30 年代，至今大约发展经历了四各阶段。第一阶段为 3 个 H：感觉如何（How are you doing），心脏如何（heart）和是否有疝气（hernia），检查重点为心脏杂音和无症状性疝气。第二阶段补充了增加了一些问题的询问，有了最初的“体检表格”；还包括了尿液检查、这张简单的体格检查有医生的签字则可作为运动许可证明。到 1992 年发生了第三次变化，包括美国家庭医生、儿科医生、运动医学医学会的矫形外科和骨科医生联合形成了统一表格化的检查内容，这个表格化的检查内容其目的是要建立一个病史回顾和体格检查的标准。1996 年美国心脏联合会推荐将体检表格中加入了有关心血管病筛查的 13 项内容并作为检查指南被广泛接受并沿用至今。进入九十年代随着运动场上猝死的发生，运动员体检受到越来越多国家的重视。

因为检查目的的不同，国外运动员健康水平检查的内容与手段和国内不同。赛前评估（PPE）是运动医疗领域使用最广泛的一种手段，也是进行医学评估的基础。近年来国外的运动员体检指南都是由医学会或专业团体进行权威性发布。美国各州有统一的运动员健康管理模式，美国心脏病协会（AHA）和美国国立学院运动员协会（NCAA）都制定了 PPE 指南，对常规体检和赛前体检以及女性运动员体检内容进行了规范；澳大利亚运动医师学会（ACSP）为国家级优秀运动员出台了相关医学体检草案；意大利按照政府的规定对国家级及专业运动员强制性推行医学检查。

国外的医学检查及健康具有相当的专业性，美国的整个评估过程主要由医疗团队负责完成，医疗团队人员包括物理治疗师、体能训练师、心理医生、护士、生理学家，他们分别针对同一个运动员的不同方面进行评估，最后做出综合评价。由医生根据检查结果进行医学评估，并签发一定有效期的健康证书，评估结论一般分为三种：一是无任何运动限制；二是需进一步检查或康复后再进行医学评估；三是不允许参与某一运动项目或所有项目。1996 年美国曾报道了在印第安纳州有 90，000 名学生运动员经医学检查和评估后有 0.3%～1.3%为不能参加运动。

国外的医学检查及健康评估内容全面，涉及内外妇等各系统多方面：例如评估既往和现在的肌肉骨骼情况；了解变态反应及防治情况；运动场上的健康问题（如心脏和肌肉骨骼情况）、对场上竞技状态有负面影响的场下健康问题（如性行为和药品滥用）等。主要的检查手段为详细全面的病史询问和简单的物理诊断。并应用现代化的生化仪器和辅助仪器进行检测。

女运动员会出现不规律饮食、月经紊乱、骨质减少/骨质疏松三联征，因此女性特有的健康问题（饮食习惯、营养摄入和月经史）等也增加到了体检中；在2001年及2004年国际运动脑震荡会议上，专家认为神经心理学测试是康复评估的基石、是能否重返赛场的决定因素，因此还增加了对神经心理学的测试及相关内容评估。曾有报道，在对参加悉尼夏季运动会所有运动员中，有21%的运动员存在运动性支气管痉挛，耐力项目特别是冬季项目的运动员更易出现。即使未出现上述症状时也可能有运动性支气管痉挛存在。因此，对呼吸系统及肺功能的评估也得到了越来越多的关注。

依据重要性，国外体检的目标依次为：第一步是尽可能查出不能参加运动的任何异常情况，如心肌肥大、遗传性疾病；第二步为查出易使运动员受伤或使运动受限的任何情况，如关节扭伤，这种情况通过康复计划可避免再损伤或运动受限；第三步为确定运动员一般健康水平；第四步是为运动员提供医学建议，如关于营养补剂、烟酒嗜好、毒品依赖、避孕措施或性传播疾病有关的建议，此第四步多由运动员熟悉的家庭医生进行；第五步为运动损伤发生后需要医疗干预时需要符合运动员的在法律或保险上的要求。

国外赛前评估的时间和次数应则取决于运动项目、竞技水平、运动员数量和运动队的资源情况几方面。加拿大高山滑雪队的运动医疗人员对国际级优秀运动员进行一年两次的评估。美国对于入队评估所涉及的范围比较广泛，但在入队后接下来的几年内评估的频率会逐渐减少。运动员健康水平检查时间多为每学期的开始（即常规体检）和大型赛事之前6周左右（即赛前体检）。两者均为有用的筛查手段，在运动损伤的早期诊断和预防上具有重要意义，不能互相替代而应紧密结合，从而尽可能筛查出更多的异常情况，还可以保证运动员与医生的基本联系。

近年来很多国家都建立了完整的运动员医学及健康信息管理系统。直接通过网络收集传送，队医和医学评估人员可以远程进行医学检查及健康指导。例如美国斯坦福大学就建立了相关的网站，只要得到授权登陆网站就可以看到医学评估的具体内容。

第三章 运动员健康体检与临床健康体检的区别

运动员不同于一般人群，因为长期大负荷的运动训练已引起身体结构和功能发生了适应性变化，机体的各项参数如果参照医学界现有的诊断标准判断则会被诊断为“疾病”状态。在医务监督的长期实践中，我们观察到有些所谓异常的运动员实际上是运动效应，并非是临床的疾病异常状态，是可以正常参加训练和比赛并且状态良好。例如运动员的心脏肥大，其形态特征与某些心脏病患者相似。如何区分生理性变化和病理性改变，是医务监督工作者工作中需要面对和仔细斟酌的问题。这不仅仅涉及运动训练中强度和运动量的问题，更重要的是它关系到是否会影响运动员的运动生涯以及优秀运动员的选材培养、是否会危及到运动员的生命。因此对运动员健康水平的医学检查及综合评定，应充分考虑运动员经受长期大强度训练后机体在形态学和功能上适应性变化，不同运动项目或不同运动负荷会造成不同适应性变化的特点，确定适合运动员的健康检查指标，结合临床意义和与运动项目的关系，制定出适合不同运动年限和性别，安静或不同运动负荷下的运动员健康指标的参考范围。

第四章 我国运动员健康评估的特点

国内关于运动员体检模式的文献，尤其是适用于优秀运动员的健康检查和评定模式还极少看到。我国运动员所接受的健康体检，其项目设置是在普通临床实践基础上针对竞技运动员特点设计的。运动员特别是优秀运动员经过长期的大强度训练后，身体各个系统都发生了适应性的变化，运动员既是健康人又不同于普通人群，如果体检中评价参考的标准仍是按照普通人群的标准，就有可能存在误诊和评价不当之处。在运动员健康评价系统中，要回答两个层次的问题，首先运动员作为普通人也会出现临床医学中认为的种种疾病，所以健康评价系统首先要做出运动员是否疾病状态的判断。另一方面也是很重要的一点，对于非疾病状态的运动员，要根据体现运动员特征的各项指标参考范围做出运动员体检的评价结果，包括做出机能状态、运动能力的评价，对于机能状态低下运动中已有不适应表现者，应具体分析其是否属于运动疲劳或是极量训练造成的器官功能的劳损，亦或是达到了病理状态。在诊断报告中明确给出运动员能否继续参加训练，还是采取边治疗边训练的方案，或停训治疗的建议。同时在康复后综合评价运动员的身体状态，为运动员的复训提供了客观依据。

在实践中，因目的不同侧重点和具体检查手段也各有不同，如对青少年以运动员选材为目的大体检，除和一般人群健康体检类似内容（包括一般史、既往病史、家族病史等，常用的血液指标测定、心电图和胸部透视）以外，特点在于增加了一些身体形态指标的测量。专业运动队的健康检查增加了一些生理生化指标、运动试验等，目的多为评价运动员身体机能水平，为消除运动性疲劳、补充营养和调整训练计划提供科学依据。

一、病史调查部分

借鉴国内外普通人体检的内容形式，我国运动员体检还增加了运动信息（运动项目、运动年限、运动等级、最好成绩）；训练情况（训练量、强度、训练中/后呼吸、循环、消化系统的不适反应，次日体力恢复情况）的采集；针对女性运动员增加月经史和运动影响的询问（初潮年龄、周期、经期身体反应、月经失调史）；通过病史调查，着重了解近期训练中/后，运动员机体的不适反应，结合运动训练的具体情况及病史排查疾病风险，长期监测疾病走势，必要时给予医学干预。

二、对运动性猝死潜在因素的筛查

运动性猝死常见于35岁以下男性运动员，涉及的运动项目非常广泛，主要为篮球、排球或足球等集体项目。95%的SDS

与心脏有关，猝死常见四种先天性情况：肥厚性心肌病、先天性冠脉畸形，马凡氏综合征，先天性动脉狭窄。绝大多数运动员在发生意外之前，并不知道自己存在的猝死隐患。马凡氏综合征，是运动猝死病因中危险性最大的疾病。这种病人往往有一些很显著的特点：身材瘦高、腿长臂长，手指细长，手腕灵活，拇指可触到手腕上端——这在普通人是本病的一个病理征，但我们在进行大量运动员体检后发现这一特征在排球、篮球运动员中很常见。上述特征作为球类运动可能是身材优势。某些运动员由于具备这些特点常被误选入运动队，因此我们在运动员体检中还加入了对高大身材的运动员进行家族史询问、形体测量（包括绕腕征、坐高、站高、指间距、指间距/身高、上部量/下部量、指腕活动度）、眼底检查、骨骼检查等；心电图、超声心动图（AO/BSA、主动脉窦内径）检查更是必不可少。

三、增加机能检测等部分

以往的实验室检查内容简单，仅包括血、尿常规化验和一般性血液生化（血糖、血脂及肝功等）部分。但运动员毕竟不同于一般人群，他们的身体不断打破原有的生理极限，运动量和运动强度都远超于常人。故对运动员机能水平、免疫功能、内分泌功能都需要进行评估。因此生化检查增加了反映机体体液免疫和细胞免疫功能变化的免疫球蛋白、淋巴细胞亚群指标，反映肌肉疲劳和机能状态度的肌酸激酶、乳酸脱氢酶、血乳酸、尿素氮、血清睾酮、皮质醇指标等指标的测定。定期测定这些指标，有助于为训练监控和消除疲劳提供科学依据。

四、充分应用超声心动技术检查

针对预防SDS 的早期筛查和运动员常见的心脏瓣膜反流、心肌肥大，在运动员检查中充分利用超声心动图这一诊断技术进行疾病筛查。超声心动图兼备许多优点，成为目前临床诊断某些心血管疾病最常用的无创性检查技术。它可实时显示心脏解剖结构、室壁动脉和血流信息，对临床物理检查中出现的心脏杂音、喀喇音、心电图 QRS 高电压、心室复极异常等做补充检查。

各瓣膜口处出现返流时，因血流通过狭窄处发生湍流或涡流时可在彩色多普勒上出现特异、明显的改变，且超声心动图能明确返流的起源、方向、分布、速度和性质，故而成为临床诊断的首选。与动脉造影结果进行对比研究，彩色多普勒定性诊断敏感性为 86%，特异性 100%。且利用彩色多普勒测量返流束长度、宽度、面积等参数可对瓣膜返流程度进行半定量评估，按返流束长度分级测得的返流级数与心脏造影的返流级数之间呈高度正相关，故超声心动图成为瓣膜返流临床定性及半定量诊断的首选和最佳手段。

年轻运动员猝死的心脏疾病通过常规病史和体格检查是难于发现的，但在超声心动图上却有特点：如室间隔明显增厚的心肌肥大；马凡氏综合征时有 92.3%的人主动脉根部扩张，直径大于 42mm，常为 55～60mm，其中有 23.5%的人同时伴有二尖瓣脱垂。而超声心动图诊断这些病症具有很高的准确率和特异性，可成为主要诊断方法，如果再结合心电图和运动负荷试验，一般认为可筛查出一半以上的病人。

五、关注肺功能检查和运动性哮喘

运动与肺功能密切相关，良好的肺功能可以增强有氧耐力，保障运动员的体力和脑活动能力。国内外对运动员训练过程中肺通气功能和气道反应性变化的研究较少，但在近几年的国际大赛中，患运动性哮喘（EIA）及应用抗哮喘药物的运动员却持续增加，越来越多的国家已经充分认识到此种疾病对运动员的身体健康存在严重危害，对训练比赛也存在极大影响。

对运动员进行肺功能检查可以明确是否存在肺通气障碍，是阻塞型的、限制型的还是混合型的，其严重程度如何（轻、中、重度），是否存在着小气道功能障碍等等，可以对运动员可能出现的支气管哮喘、小气道疾患、肺炎、肺气肿、肺大泡、胸腔积液、神经肌肉疾患、肺弹性回缩力改变、手术等引起的肺通气功能障碍或肺部各种容积的改变等情况进行评价。并对由慢性气道炎症、哮喘、吸烟、运动环境等引起的小气道功能改变进行评价。为保障运动员的身体健康，避免呼吸系统疾病的发生起到关键的作用。

早在1962年就有报道在哮喘患者中运动是导致支气管痉挛的一个常见原因。据估计运动性哮喘（EIA）在运动员中的发生率大约在3%～11%，在世界级运动员中的发生率是2.8%～14%，在夏季运动员中的发生率从3.7%～22.8%不等。自WADA颁布用药豁免方法以来，许多国家都为存在EIA的运动员申请了药物豁免，我国在这方面的工作相对较少，这就造成一些患病运动员无法进行必要的药物治疗从而影响了最佳运动能力的发挥，减少了运动寿命。对运动员肺功能的评估可以帮助运动员完成必要的哮喘鉴定工作。

六、针对女运动员增加“三联征”的查体内容

目前国际上公认的女运动员出现消化功能紊乱、月经不调和骨密度（BMD）降低的发生率较高，被称为“三联征”。

据报道女性运动员中尤其是需限制体重的体操、跳水、花样滑冰或有体重级别的项目，进食紊乱、月经不调和 BMD 降低发生率较高，AAP（The American Academy of Pediatrics）为此公布了诊断与治疗最新指南。运动员一开始是为了运动项目的要求而有意限制饮食，久而久之后果也随之显现：最初表现

为竞技状态下降：耐力下降，力量减弱，反应时延长，速度减慢，注意力减退，最终可发展为月经不调，不可逆的骨质丢失，心理异常，器官功能受损或衰竭等严重的并发症，影响运动员终生健康。其中以月经失调最常见，表现为继发性闭经或月经过少，一般女性继发性闭经发生率为2%～5%，而女性运动员则高达34%～66%。

针对于女性运动员体检增加了月经史、饮食习惯的问诊和骨密度（BMD）测定在设计标准化的体检表格时，要增加询问饮食习惯和月经史，并从父母、教练、队友甚至餐厅服务人员获得真实情况，测量骨密度，及早发现问题，及时给予营养补充，改变饮食习惯，甚至心理干预。

七、心理与社会评估

心理与社会评估是通过常用心理学测试量表和一些针对性的心理测试软件对运动员的心理特征与心理活动进行客观量化地评价，同时测试其因训练和置身运动训练环境对其产生的心理影响进行调查评估，借以了解其心理健康水平和对即将来到的比赛所产生的心理活动，为制定和实施心理干预措施，促进和维护心理健康提供依据。

八、兼顾体检内容的全面性

国外运动员的体检内容中很少有口腔科、眼科的内容。国家体育总局运动医学研究所体育医院自 2000 年来连续对国家集训队和参加重大国内外比赛的优秀运动员进行健康体检，发现他们出现很多妇科、内分泌、口腔科、眼科方面和一些不常见先天性疾病，如垂体瘤、牙周炎或龋齿等口腔慢性疾病、砂眼或视网膜病变等眼科疾病。其中最为突出的先天性疾病，带来的影响和后果最为严重。此类病人常因为身材优势而被选入运动队。故在入队体检中我们还要考虑到这些疾病的筛查，在我们的体检中要考虑加入口腔科、耳鼻喉科、眼科检查，发现问题则加强有关的检查。

第五章　运动员健康评估的内容及检查项目

健康评估的内容包括健康既往史、一般身体状况评估、各系统功能评估、运动相关机能和器官功能评估、心理与社会评估等。

根据体检方法和设备材料的不同，体检内容可分为常规体格检查、病史、运动信息评估和症状采集、实验室检查、医学影像学检查、电生理检查等；根据需要还可添加内镜检查、组织病理和心理检查等。

一、健康史采集

是有计划、系统地收集运动员健康资料，并对资料进行分析、整理，确定其价值并正确录入电子病历的全过程。健康史内容主要包括一般资料、主诉、现病史、既往健康史、目前用药史、运动年限、现状运动训练情况、女性还包括月经史生育史及家族史等。

二、现有症状采集

在采集健康史时运动员现症状的描述。如当时有发热、疼痛、恶心等。在体检时出现上述症状说明运动员正处于某些疾病发病期应该予以及时处理。因此，当前症状是医务人员在采集病史时重点评估的内容。常见症状评估含发热、咳嗽与咳痰、咯血等内容。

三、物理检查

物理检查是医务人员应用临床的望、触、叩、听方法或借助简单的工具（如体温计、血压计、听诊器、叩诊锤、体重计等），对运动员进行详细的全面观察和局部重点的系统检查，找出正常或异常征象的一种方法。在检查中发现的异常表象称为体征，如心脏杂音、血压升高、关节肿胀以及物理征阳性等，是发现问题的重要客观依据。物理检查是身体评估的一种技能，尤其在运动队没有相应检查设备的情况下，是医生必须要掌握的临床技能之一，也是其他任何检查都不能替代的一种简便、实用的基本评估手段。

体检医生通过物理检查方法，以及使用血压计、听诊器、耳镜、手电筒、视力表等简单用具对身体器官、脏器和部位进行的系统检查。 一般检查主要包括身高、体重、脉搏、心率、血压、呼吸，以及胸围、腹围、臀围、评估营养和形态发育等。专科检查时内科主要检查心肺听诊、腹部触诊、神经反射等项目；外科主要检查皮肤、淋巴结、脊柱及四肢、肛门、疝气等；眼科主要检查视力、辨色、眼底及裂隙灯活体显微镜检查，判断有无眼病；耳鼻喉科主要检查听力、耳、鼻咽喉部的疾病；口腔科检查包括口腔疾病和牙的检查。还有妇科、神经科、皮肤科等专科检查也都属于常规体格检查的范围。

四、实验室检查

实验室检查主要是通过化学、生物、免疫学和遗传学等实验技术与方法，对运动员的血液、体液、分泌物、排泄物、组织等标本进行检查，以获得反映机体功能状态和病理变化或病因等方面的资料，对辅助疾病的诊断、观察病情与疗效，制定措施及判断预后等均有十分重要的意义。

1）常规检验项目

常规检验项目有血常规、血型、尿常规、粪常规。

2）生化检验项目

生化检验常用的项目有：肝功十二项、肾功三项、血脂六项、胆红素系列、血红蛋白系列、免疫功能系列、运动机能指标、心肌酶谱、微量元素、电解质等。

3）血清免疫学检验

甲型肝炎 IgM 抗体、乙型肝炎病毒血清标志物（乙肝五项）、丙型肝炎病毒抗体、C－反应蛋白等。

五、心电图检查

将受检者实时的心肌电生理活动用心电图机描记下来的曲线图称为心电图。心电图检查是一种临床上广泛运用的无创性检查、诊断技术，对各种心律失常有十分肯定的诊断价值，对心肌病、心肌缺血、心肌劳损也有很高的辅助诊断价值，且实用方便。也可联合应用 24 小时心电图、运动负荷心电图试验可以大大提高对上述心脏异常的检出率。

六、医学影像学检查

医学影像学检查是利用各种成像技术显示人体内部结构的影像，借以了解机体结构、功能状态及其病理变化，并对其他检查结果进行验证与补充。传统的检查包括普通 X 线平片、数字 X 线断层检查、放射性核医学检查三部分。

放射线检查内容有胸部透视或摄片、颈部、胸部、腰部及关节等部位 X 线片。

近年来彩色多普勒超声及颈颅多普勒血流分析检查日益普遍，彩色多普勒超声检查包括心脏、腹部（肝、胆、胰、脾、肾、胃肠、膀胱）、男性前列腺、女性子宫及其附件和心脏、乳腺、甲状腺、颈动脉等大血管的检查。腹部超声检查是常规选定项目，超声介入技术也逐渐引入运动医学学科领域，该技术是在现代超声影像技术基础上进行的一种医学诊疗新技术，用用超声设备的引导与定位下，对体内病态组织器官进行的诊断和局部治疗，例如超声介导下关节局部积液提取用于诊断的方法和超声介导下的局部注射治疗。介入治疗应用相应的设备技术，扩大了医生的视野，延长了医生的双手，可精确到达部位。

影像学检查对于早期发现疾病和明确疾病诊断，以及为某些疾病提供治疗手段具有重要的意义。

第六章 体检套餐的制定和选择

第一节 我国运动员常用的体检方案

目前，根据竞技运动队的特点和实际情况确立了四个方面的体检方案。

1. 入队体检方案：主要侧重于全面了解运动员基本健康状况，是为运动员进行的全面身体检查，体检后需要进行健康结论和运动评定，并将运动员建立健康状况档案，以便为今后训练比赛中出现各种医疗问题时提供参照和对比；同时及早发现影响运动身体健康的先天性疾病。

2. 阶段训练体检方案：主要侧重于检查经过一段时间的训练机体的机能状态、是否有因训练导致的运动性疾病、运动损伤和常见传染病出现，并根据现有情况做出训练建议，供运动队参考。

3. 奥运会出国前体检方案：主要侧重于对重大疾病、外伤隐患的筛查，对运动员出国前的健康状况进行评判，确定否能胜任国际重大比赛任务，防止比赛中发生重大的医疗事件。同时补充入队体检时的缺失项目，以保证医务人员对运动员在进入国家队后能全面地了解。

4. 专科系统侧重性检查方案：根据阶段训练或项目特点以及运动员个体、教练员的需求进行的一个或多个专科系统的检查例如：为了解运动员是否有运动性贫血或需要了解是否有造血原料摄入不足而进行的血液系统检查；损伤恢复后重返赛场时需要了解运动员的运动系统功能或和心肺功能而进行的心肺功能检查和运动系统检查、跳水运动员眼科深度项目检查等。

第二节 我国运动员常用的体检套餐和专科检查方案

我国运动员常用的体检套餐（A、B、C、D 系列套餐）经常与专科检查联合应用。

（一）入队体检套餐

A 系列：内科，外科，骨科、眼科，妇科检查、口腔科检查和特殊形体检查，辅助检查包括：血常规，尿常规，肝功能，肾功能，乙肝五项、全血脂、心电图，胸部 X 线，超声心动、肺功能、腹部超声（肝、胆、胰、脾、肾）等。

运动相关生化指标包括：肌酸激酶（CK）、肌酸激酶同工酶（CK-MB）、睾酮、皮质醇、睾酮/皮质醇比以及尿指标等。

新入队运动员要进行病毒性肝炎指标系列的检查。

病史方面包括：既往疾病史、过敏史、家族重要疾病史、个人吸烟史、运动史、月经史等。

B 系列：除了 A 系列的内容外增加了:

营养能量系统指标包括：糖代谢、脂代谢及蛋白类指标、微量元素和电解质指标、造血功能指标和骨成分和骨代谢指标等。

免疫功能指标包括：体液免疫、细胞免疫指标。

骨密度检测和人体成分分析等；依据项目特点还要进行不同肢体部位的 X 摄片或肢体核磁检查。

（二）阶段性体检套餐

C 系列：骨科检查、创伤外科专项检查、运动相关类生理及生化系列检查。

D 系列：是专科侧重性的深度项目检查，除了 A 系列的内容外增加了眼科（主要是眼底检查），心肺功能、口腔科检查、骨密度检测和人体成分分析等。

（三）大赛前出国体检套餐

内科，外科，骨科、眼科，妇科检查、口腔科检查和特殊形体检查，辅助检查包括：血常规，尿常规，肝功能，肾功能，乙肝五项、全血脂、心电图，胸部 X 线，超声心动、腹部超声（肝、胆、胰、脾、肾）等。

运动相关生化指标包括：肌酸激酶（CK）、肌酸激酶同工酶（CK-MB）、睾酮、皮质醇、睾酮/皮质醇比以及尿指标等。

免疫功能指标包括：体液免疫、细胞免疫指标。

病史方面包括：既往疾病史、过敏史、家族重要疾病史、个人吸烟史、运动史、月经史等。

专科系统检查包括：骨骼肌肉系统检查及功能评定、运动心肺功能检查、运动性哮喘激发试验、免疫系统、红细胞系统及造血功能检查、营养物质代谢等检查。

第七章　构建数字化运动员健康管理系统

第一节 数字化运动员健康管理系统概述

在数字化信息管理技术广泛普及的今天，竞技体育的各个领域都开展了信息化的研究和建设，而运动员医疗保障方面的信息化建设相对滞后。在长期的医务监督服务中我们发现，构建运动员健康管理系统所需的医学检查项目繁多，内容复杂，检测周期不固定，采集时间点多等原因，造成医学资料难以收集完整，甚至发生漏项、损坏等现象，无法完成采集、存储、传输及后处理一系列信息管理工作。在专业医生不足的情况下这一问题就更显突出，已经严重制约了运动员健康评估工作在运动队的开展。

构建数字化运动员健康管理系统不仅可以有效地监控运动员的健康状况，同时在运动队医务监督专业人员严重不足的现状下，有利于高效率的利用医疗资源、正确指导运动队预防治疗运动性疾病，有利于运动队卫生宣教和医务监督工作的开展。

数字化运动员健康管理系统主要由运动员医务监督数据库、社会医疗资源及专家数据库、体检管理系统及医院后科研随访和医疗服务平台几部分构成。其中，数据库可实现与医院原有 HIS、LIS、PACS 系统以及体检系统的对接与整合；体检管理系统包括健康体检档案的录入，体检报告的输出，体检档案的统计查询和对比分析三大功能模块，该系统可与医院的 HIS、PACS（picture archiving and communication system，医学影像存档与通信系统）和 LIS 良好融合，从而极大限度地整合院内资源；后服务平台在运动员的健康状况出现异常或有特殊情况时，系统将自动通过电子邮件和短信等方式向运动员本人及相关部门或个人发送预警报告，从而使医务监督工作更为及时和高效。

第二节 数字化运动员健康管理系统模块建设

（一）运动员医务监督数据库建设

运动员医务监督数据库可与医院原有 HIS、LIS 系统和体检系统对接，采用导出数据等方式，实现运动员相关医学影像检验信息资料的原始转移和存储。对数据库的存储项目进行分类及结构化处理，对系统体格检查、生理指标、临床症状、体征、实验室检查等信息进行科学量化处理。

通过系统中定制完成的运动员健康数据结构化模板，使运动员的健康医疗数据成为可用作科研分析的规范数据。总结运动员既往医学资料，同时进行流行病学调研，把所有数据进行量化，并按照一定标准评出分值，并且把所有的数值全部用不同的颜色进行对应，如正常为绿色，异常为红色等。可按照需求自动生成健康风险评估报告,形成数字化医务监督评估系统。

（二）社会医疗资源及专家数据库建设

在医疗服务过程中建立医务监督专家团队，并搭建联合工作平台，依据信息技术和数据库功能在各大运动赛事备战期间对运动员健康信息资料进行全面的统计分析，对运动员健康状态进行个体化医学评估，充分调动总局内外专家资源，通过专家远程交互会诊指导体系对健康问题进行干预。

（三）体检管理系统建设

体检管理系统由体检基础数据、体检业务管理、体检统计分析三大块构成，其中每一个大块下又细分为几个不同的功能模块。

1. 体检基础数据：体检参数设置、体检类型设置、体检的指标设置、体检项目的设置、体检套餐设置、诊断建议设置、报告单查询、客户关系管理。

2. 体检业务管理：体检预约登记、体检中心管理、体检分科执行、体检结果登记、体检集中登记、体检总检登记、体检收费管理、体检结账管理。

3. 体检统计分析：科室工作量统计、医生工作量统计、体检人数统计表、复查人员清册表、体检项目汇总表、团体体检分析表、体检费用分析表。

针对医院开展体检业务的需求进行设计，主要完成如下功能：

1. 建立和调整体检类型（套餐）及类型所对应的体检项目；

2. 建立和调整体检诊断目录及该诊断所对应的建议和评估规则；

3. 体检预约登记、确认，自动计算所需的费用和针对团体单位的费用结算功能；

4. 体检过程管理，包括临时增删体检项目、人员；填写体检项目报告；补录费用等；

5. 依据各指标正常值范围自动生成预警图，在该图中正常数值所在区域为绿色，超过正常值范围为红色，以示警示。

该系统提供规范的体检报告结果并能进行分析，使体检报告更具科学性。建立体检人员个人档案，保证了体检资料的连续性。为体检单位提供人员整体健康状况分析，提供需追踪病情、需复查人员的情况。医务人员能方便、快捷地使用体检资料为相关科研课题服务。与 HIS，PACS，LIS 连接减少中间环节，科学配置体检资源，加强体检质量控制。方便了对运动员进行体检信息的数字化管理，便于医务监督工作者及时了解运动员身体变化情况及趋势，从而达到更为完善的医务监督。

（四）后医疗服务平台建设

后医疗服务平台的建立主要通过登陆随访模板来实现。随访模板可以任意设置多种疾病的模板，自定义添加菜单。随访模板里记录的数据，都可以随时进行查询统计与分析，作为科研数据来使用。后医疗服务平台可以实现网上会诊、定期随访以及体检预警和健康教育等功能。

根据运动员疾病发病特点和规律建立健康管理和运动性疾病的病种管理；设计科研随访平台，在运动员的健康状况出现异常或有特殊情况时，系统可自动通过电子邮件和短信等方式向运动员本人及相关部门或个人发送预警报告，从而使医务监督工作更为及时和高效。

随访模板可以任意设置多种疾病的模板，自定义添加菜单，从而有效提高工作效率，方便随访。随访平台还具有短信中心功能，可以在体检后，给运动员和领队等上级领导直接发送短信通知，并同时具有健康教育，复查复诊提醒等功能。

随访平台和后医疗服务平台的构建，可以实现在必要时与运动员、上级领导在体检后的联系和沟通，随时追踪运动员的身体状况，以便及时发现问题，解决问题，实现真正意义上的医务监督。

第三节 数字化运动员健康管理系统的应用价值

数字化运动员健康管理系统较之传统的医务监督管理体系有不可替代的先进性：首先可以提高经济效益。社会经济的飞速发展使落后的工作方式与庞大的信息量之间形成尖锐的矛盾，过去一直使用粗放型模式即以增加工作人员和费用为解决这一难题的唯一手段，致使工作成本大幅上涨。而数字化管理使传统的以纸质为载体的信息对象转为机读信息，不仅节约了保管费用，节省了占地空间，而且查阅起来极为方便迅速，从而避免了反复印制资料而造成的纸张和人员的浪费。其次可以提高办公效率。数字化管理使资料能及时归档，并尽快提供利用。以医院病案管理为例，由于病人资料繁多，要想准确统计、动态了解这些情况，按以往传统管理方法，必须“归档”后才能查知，而通过网络计算机管理的数字化档案却能准确反映当前的情况。由于信息的超时空流动，数字化信息事实上成为“无墙界信息”，档案库也从文件实体的保管基地变成了提供利用方便的信息控制中心。

1. 数字化运动员健康管理系统的使用，使整个体检过程高效、便捷和准确，为体检单位和受检者大大节约了时间成本。

2. 运动队和运动员可在体检后较短时间内获得体检结果，即使在外地训练或比赛也可以通过登陆医务监督网站查询体检情况。

3. 通过在线预约和远程会诊实现社会医疗资源及专家数据库在运动队的使用价值。

4. 后医疗服务平台的使用可使所有体检数据更方便地应用于科研，从而实现其增值价值。

因此，数字化运动员健康管理系统是适应时代和当前竞技体育发展的产物，它必将取代传统的医务监督管理体系并焕发强大的生命力。今后，随着数字化运动员健康管理系统的不断改进和完善，在竞技体育乃至大众健身领域都将实现准确、高效、全面的医务监督服务。

（第一部分由马云、梁辰编写）

第二部分
运动员健康评估指标与意义分论

第一章 运动员心率指标与意义

心率是指以心脏第一心音为基准的每分钟跳动的次数。即心脏每分钟搏动的次数，以次/分（b/分）表示。测量心率最简单的办法是计算脉搏。正常情况下脉搏和心率是一致的，多用测量脉搏代表心率。常用的心率有基础心率、安静心率、运动时心率和运动后心率。正常成年人安静时的心率有显著的个体差异，可因年龄、性别及其它生理情况而不同。

正常心率（HR）

【参考值】

普通成人安静心率： 60～100b/分

运动员安静心率： 45～80 b/分

通过实际测量3165名运动员安静状态心率值，计算我国优秀运动员安静心率为61.49～62.91（见表2.1.1）。

表 2.1.1 国家队优秀运动员心率统计分析

	n	最小值	最大值	均值	标准差	95%置信区间	常规范围
心率（次/分）	3165	32	112	62.20	10.35	61.49～62.91	60～100

【运动医学意义】

1） 基础心率，为清晨起床前空腹心率。如果心率慢而节律均匀，说明心血管系统功能强，运动员基础心率随着训练年限的延长和训练水平的提高而减慢。新进入专业队后若经过一段时间的训练后安静心率下降，说明身体机能增强。

2） 如果基础心率突然加快或减慢，提示有过度疲劳或疾病的存在。若经过一段时间的训练调整或休息，安静心率有所下降，说明身体机能调整已恢复。

3） 安静心率，为平时不训练时、平静状态下心率。运动员的安静心率一般较低，优秀运动员安静心率通常为 40～50b/分，个别优秀耐力性项目运动员的心率可达 30b/分。

4） 运动时心率，为运动过程中的心率。运动时心率的快慢与运动强度有关。强度越大，心率越快。相同运动负荷时，运动员心率上升愈慢，提示运动员身体机能状况愈好。进行同一强度的运动训练后运动员的最大心率值降低，则表明运动员的身体机能增强。运动到极大限度时的心率叫最大心率。最大心率随年龄增长而逐渐减少。

5） 运动后心率的恢复速度和程度，可衡量运动员对训练负荷的适应水平或身体机能状况。相同运动负荷后，运动员心率恢复快，提示运动员对训练负荷适应或机能状况良好。运动员心肌受损或过度疲劳时，心率可出现反应滞缓的情况。尤其是运动后心率的恢复速度和程度突然减慢时，应注意做进一步检查。

6） 以运动项目分类统计，分析不同项群类型运动员体检时的日常心率，发现运动员中力量类项目(66.12±9.5)最高，速度耐力类（60.97±9.38）最低（见表2.1.2）。

表2.1.2 不同项群运动员心率比较

	表现类	力量类	速度耐力类	对抗类
心率（次/分）	62.22±10.39	66.12±9.5	60.97±9.38	61.48±10.55

【临床意义】

心率受神经、体液和内分泌机制调节而出现变化。通过神经（主要为迷走神经兴奋）、体液机制经心脏外神经而起作用，或是直接作用于心脏致心率低于 60 次/分为心动过缓；大于 100 次/分为心动过速。

（马云、梁辰　编写）

第二章 运动员血压指标与意义

血压（BP）是指血管内的血液对于单位面积血管壁的侧压力，通常所说的血压是指动脉血压。血压包括收缩压（SBP）与舒张压（DBP）。在一个心动周期中，动脉血压随着心室的收缩和舒张而发生规律性变化。心室收缩时，动脉血压升高，它所达到的最高值称为收缩压。心室舒张时，动脉压下降，在心室舒张末期动脉血压下降所达到的最低值称为舒张压。收缩压与舒张压之差称为脉压（Pulse Pressure）。收缩压主要反映心脏每搏输出量的大小；舒张压主要反映外周阻力的大小；脉压则反映大动脉管壁的弹性。

【参考值】

正常成人血压值：收缩压＜120 mmHg　舒张压＜80 mmHg

正常成人血压高值：收缩压 120～139 mmHg　舒张压 80～89mmHg

正常人低血压标准：成人收缩压低于 90mmHg　舒张压低于 60 mmHg

老年人收缩压低于 100mmHg　舒张压低于 70mmHg

运动员血压范围：收缩压 90～140mmHg　舒张压 60～90mmHg

通过测量 3165 名运动员安静状态血压值，得出最大值、最小值，计算 95%置信区间，其中我国优秀运动员收缩压范围为 98.64～100.61mmHg，舒张压范围为 66.53～67.99mmHg，均在运动员正常血压范围之内（见表 2.2.1）。

表 2.2.1 国家队优秀运动员血压统计分析

		n	最小值	最大值	均值	标准差	95%置信区间	常规范围
血压	收缩压	3165	65	146	99.62	11.03	98.64～100.61	＜140
mmHg	舒张压	3165	40	96	67.26	8.22	66.53～67.99	＜90

【运动医学意义】

血压降低见于：

1）运动员多为生理性低血压　常见于女性，尤其是体型瘦小形；体操、跳水等项目运动员多见。除动脉血压低于上述值外，无任何自觉症状。各系统器官无缺血和缺氧等异常。低血压的产生常与运动后迷走神经紧张性较高有关。

2）运动中随着运动强度的增加，收缩压应该逐渐增高，舒张压轻微升高，保持不变或略有下降，如果运动中血压随运动强度增加反而下降的情况，运动过程中收缩压突然下降，首先要考虑是否有机能不良存在；还要考虑心脏功能异常，建议做心脏超声，排除有可能存在的心脏疾病如肥厚性心肌病等。

血压升高见于：

1）过度训练或过度紧张，这种运动员一般收缩压和舒张压均升高，多数人血压比正常偏高15～30mmHg，持续数周；有较明显的过度训练运动史，可同时伴有失眠、头痛、训练欲望下降和专项素质下降等。

2）力量性运动可致血压升高，多见于从事力量性运动项目（举重、投掷、健美等），也可见于非力量型运动员在一段时期内进行较多力量练习而引起。主要表现为收缩血压和舒张血压均升高，尤其以舒张压升高达为多见，可达到100～110mmHg或以上。

3）机能状态，机能状态良好时大强度训练后脉压差增大，（即：收缩压上升、舒张压下降明显）且恢复较快；反之运动时脉压差增加的程度比平时减少或运动过程中收缩压升高幅度明显低于以往时，提示机能状态不良；

安静时血压突然升高比平时升高大于20mmHg左右，并持续2～4天以上（可伴有头痛头晕症状）时，要考虑有运动机能下降或过度疲劳的表现。

4）青年性高血压（青春期高血压）

部分年龄在 18 岁以下的运动员可在生长期内出现血压升高。多数为参加篮球、排球运动，高血压常表现为收缩压升高可达 150～160mmHg，一般舒张压不高。这些青少年体格发育好，个子高，身体素质好，内脏器官功能强。平时无不适主诉、有的仅在运动量较大时有些头昏、头痛。一些研究认为，这种高血压是与性成熟期神经和内分泌的变动有关，其性成熟期性腺和甲状腺分泌功能旺盛，而血管发育落后于心脏发育，对血压的调节机制尚不成熟。

5）反应性血压增高（高血压病趋向）

其特点是某些运动员在某种刺激下（如精神紧张、大赛选拔期、比赛前等）会出现一时性血压高于正常，且持续数天到数周，一些人伴有家族史。研究认为：这些运动员日后多有患高血压病的趋向，以后患高血压病的百分率较高。

6) 血压值在不同运动项目运动员之间存在差异，收缩压由高向低排列依次为：速度力量类项目、耐力类项目、对抗类项目、表现类项目；舒张压由高向低排列依次为：速度力量类项目、耐力类项目、对抗类项目、表现类项目。由以上统计结果可以看出速度力量类项目的收缩压和舒张压均显著高于其他组，其发生机制目前尚不明确，现在已知在专项训练中，力量训练尤其是等长练习使运动员经常大面积最大限度地增加肌肉张力，使肌肉变硬，血管受到挤压，从而增加了外周阻力和回心血量，这就造成了收缩压和舒张压都增高。而表现类项目收缩压舒张压都是最低的。

（马云、梁辰编写）

第三章 运动员心电图指标与意义

心电图是通过心电描记器从体表描计心脏在每个心动周期中，由起搏点、心房、心室相继兴奋、搏动全过程生物电变化的图形（简称 ECG）。是心脏兴奋的发生、传播及恢复过程的客观指标。心电图检查是运动员健康评估最基本的项目，长期从事竞技体育的运动员心电图是有一些特点的；在身体出现过度疲劳、或因过度疲劳导致心肌受损时心电图也会有异常改变。因此，心电图检查适用于体检诊断运动员心脏、或用于各种心律失常、缺血性和炎性心脏病，另外在判断运动性疲劳和运动员选材方面也具有不可替代的意义和作用。本章节主要介绍几种运动员常见的心电图表现及意义。

第一节 正常心电图

为了反应心脏不同面的电活动，在人体不同部位放置电极，以记录和反应心脏的电活动。常规心电图检查时，通常安放 4 个肢体导联电极和 6 个胸前导联电极，常规记录包括Ⅰ、Ⅱ、Ⅲ、avR、avL、avF、V1、V2、V3、V4、V5、和 V6 导联等 12 导联心电图。

一、P 波

时间：＜0.11 秒

电压：肢体导联＜0.25mV(2.5mm)，胸导联＜0.15mV(1.5mm)

形态：呈圆拱状，较光滑。Ⅰ、Ⅱ、aVF、V4、V5、V6 导联直立，aVR 导联倒置。

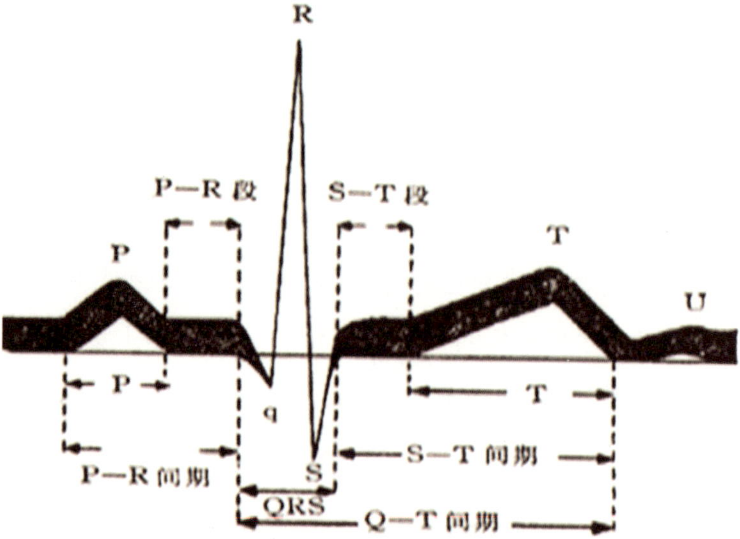

图 1 正常心电图

二、P-R 间期：

正常成人心率（60～100 次/分）时，P-R 间期为 0.12～0.20 秒。

三、QRS 波群

时间:QRS 时间<0.11 秒(0.06～0.10 秒);Q 波时间<0.04 秒。

电压：Q 波电压<同导联 R 波的 1/4（aVR 导联除外）

形态：Ⅰ、Ⅱ、V5、V6 导联 QRS 主波向上，aVR、V1 导联主波向下。

V1 至 V6 导联 R 波逐渐增高，S 波逐渐变小，V1 无 q 波，但可呈 QS 波。

R/S V1 导<1　R/S V3 导=1　R/S V5 导>1

四、ST 段

下移：任何导联均<0.05mV(0.5mm)(III导联例外)

上移：肢导<0.1mV(1mm)

胸导 V1～V3<0.3mV(3mm)、V4～V6<0.1mV(1mm)

五、T 波

一般与 QRS 波群主波方向一致，电压不低于同导联 R 波的 1/10，但最高一般<0.8mV(8mm)(V3 导联<1.2mV(12mm)（见图 2）

六、Q-T 间期

成人正常心率时，Q-T 间期<0.44 秒（0.36～0.44 秒）

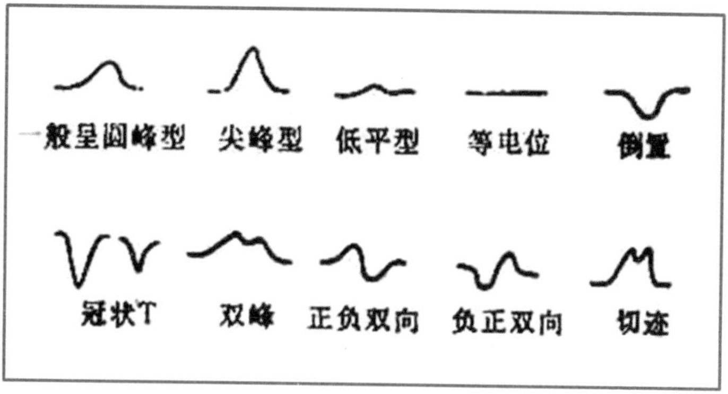

图2　T波形态

第二节　窦性心动过缓与窦性心动过速

【窦性心动过缓心电图特征】

窦性P波，P-P间隔＞1s，P波频率小于60次/分。

【参考值】

正常成人安静心率：＜60次/分

【运动医学意义】

1）运动员安静时窦性心动过缓发生率较高，占50%以上，多数心率为40～60次/分，少数心率小于40次/分。

2）窦性心动过缓多见于从事耐力训练的运动项目，如马拉松和公路自行车等。

3）运动员窦性心动过缓检出率高，多数为生理性心动过缓或者对运动训练的正常反应，但个别运动员心率明显缓慢，低于 40 次/分，或者训练中心率无法随运动强度增加而持续增加，甚至出现头晕、乏力等外周循环障碍表现，应引起重视，建议进一步鉴别是否存在可引起心动过缓的其他心内外器质性疾病。较常见的有心肌炎、心肌病导致的窦房传导阻滞和房室传导阻滞等。

4）心率变化对判断运动性疲劳有重要意义，基础心率突然变缓无其他原因可解释时要考虑是否有过度疲劳或疾病的存在。

其它参见第一章 运动员心率指标与意义。

【临床意义】

窦性心律的频率 < 60 次/分时，称为窦性心动过缓。

生理性窦性心动过缓：

在正常睡眠时，例如：在午间及夜间睡眠时，由于迷走神经张力增高可出现窦性心动过缓，心率可在 50 次/分左右，个别可在 40 次/分左右。运动员、体力劳动者和老年人常出现生理性窦性心动过缓。

病理性窦性心动过缓：

心外因素所致的窦性心动过缓，绝大多数伴有迷走神经亢进现象，心外因素所致的窦性心动过缓，绝大多数伴有迷走神经亢进现象是神经性的，心率不甚稳定。当自主神经张力改变时，如深呼吸、运动、注射阿托品等后常有心率的变化，P-R间期可略有延长。心外因素引起的病理性窦性心动过缓见于：

1)反射性迷走神经兴奋：如压迫眼球、按压颈动脉窦、刺激咽部、恶心呕吐、屏气、吞咽、剧烈咳嗽、忧虑，也可见于胃扩张、肠梗阻、泌尿系结石、胆结石等疾患，可引起反射性迷走神经兴奋诱发窦性心动过缓。

2)代谢降低：如低温、重度营养不良恶病质、脑垂体功能低下、甲状腺功能减低症等。

3)病理性迷走神经中枢兴奋性增高所致：如脑膜炎、脑出血、脑肿瘤、脑炎、脑外伤等引起的颅内压升高，黄疸、神经官能症、血管抑制性虚脱及精神分裂症等，导致迷走神经兴奋，使窦房结自律性降低而发生窦性心动过缓。

4)药物所致：某些药物可使迷走神经兴奋性增高或直接抑制窦房结功能而引起窦性心动过缓，如利血平、降压灵、胍乙啶、β受体阻滞药、镇静药、新斯的明及麻醉药物等。

5)某些传染病的极期或恢复期：如伤寒、白喉、流感等。

6)电解质紊乱：高钾血症、尿毒症或血液酸碱度改变者。

7)消化性溃疡合并窦性心动过缓：消化性溃疡在发病机制

中，胃酸的分泌物主要受迷走神经张力控制，当其兴奋性增高时可引起窦性心动过缓。

心内因素引起的病理性窦性心动过缓见于：

1）窦房结功能受损或传导阻滞，由窦房结受损（如炎症、缺血、中毒或退行性变的损害等）而引起的窦性心动过缓。

2）心肌受损：如心肌炎、心包炎、心内膜炎、心肌病、心肌硬化等。

3）急性心肌梗死：心肌梗死时窦性心动过缓的发生率为20%～40%，在急性心肌梗死发病早期发生率最高（特别是下壁梗死）。

【窦性心动过速心电图特征】

窦性 P 波，P-P 间隔 < 1s，P 波频率大于 100 次/分。

【运动医学意义】

运动员安静时出现窦性心动过速者极少见，运动过程中几乎都曾出现过；基础心率突然加快无其他原因可解释时要考虑是否有过度疲劳或疾病的存在。

【临床意义】

1)生理状态下可因运动、焦虑、情绪激动引起，饱餐、饮浓茶、饮咖啡、吸烟、饮酒等，使交感神经兴奋，心率加快。

2）甲状腺功能亢进，大多数甲亢病人有窦性心动过速，心率一般在 100～120 次/分，严重者心率可达到 120～140 次/分。

3)药物引发，在应用肾上腺素、异丙肾上腺素等药物之后可发生窦性心动过。

4）心外疾病引发，发热、血容量不足、贫血、甲亢、呼吸功能不全、低氧血症、低钾血症等多种疾病可引起窦性心动过速。

5)心脏疾病：在心力衰竭的早期，心率常增快。急性心肌梗死病程中，窦性心动过速的发生率可达到 30%~40%。（见图 3）

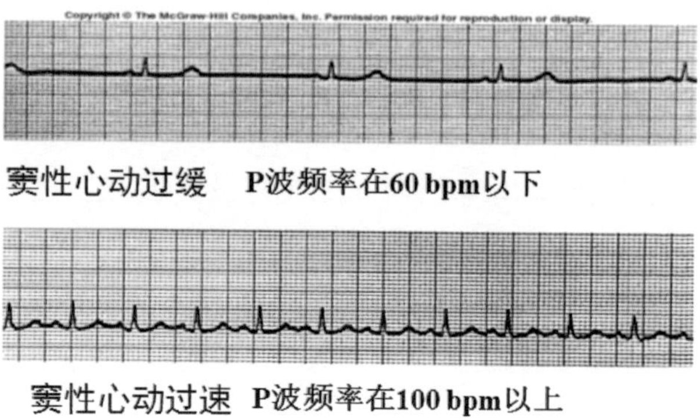

图 3

第三节 窦性心律不齐

【心电图特征】

窦性心律的起源未变既窦性 P 波，但节律不整，同一导联上 PP 间期长短不一，差异 > 0.12s。窦性心律不齐常与窦性心动过缓同时存在。

【运动医学意义】

1)运动员中常见窦性心律不齐,特别多见于青少年运动员，是正常现象。

2）运动员中出现显著心律不齐时，可能与过度疲劳有关，要注意调整运动量。

3) 在运动员出现严重心律不齐时进行动态心电图检测，往往会发现窦房阻滞、房室传导阻滞、房性或室性早搏等心电异常现象，因此，对于严重心律不齐的运动员应该建议检查动态心电图，以免误诊漏诊。

【临床意义】

窦性心律的起源未变，但节律不整，同一导联上 PP 间期差异 > 0.12s。窦性心律不齐常与窦性心动过缓同时存在。青少年与呼吸周期有关，称为呼吸性窦性心律不齐。

第四节 游走性节律

【运动医学意义】

其运动医学意义与窦性心律不齐相同。

【临床意义】

1）起搏点在心脏内游走不定称为游走性节律。窦房结内游走性心律，就是指窦房结内起搏点不是在一个部位，而是从某一部位转移到另一部位。常伴有窦性心律不齐。是窦性心律不齐的一种类型。

2）游走性心律是指控制心脏起搏点的位置不固定，而是在不断地改变部位。它可以来回游走于窦房结内不同部位，或游走于房室结内的不同部位，也可游走于窦房结、心房与房室结之间。此种心律通常见于健康人，但洋地黄中毒的患者亦常见到。

第五节 P 波异常（高尖、增宽）

【心电图特征】

正常 P 波：P 波时间≤100ms。肢体导联 P 波振幅 < 0.25mv。胸壁导联 P 波振幅 < 0.20mv。（见图 4）

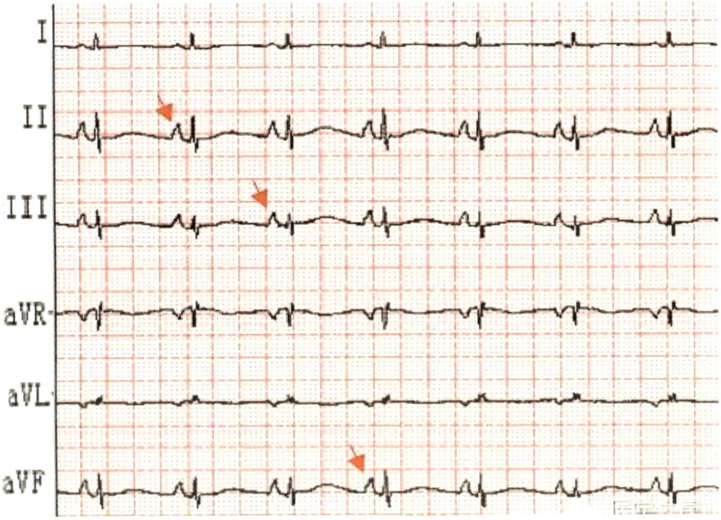

图4 高尖P波

【运动医学意义】

1） 运动员出现高尖P波，与运动训练引起的肺动脉高压有关，需要结合肺功能、心脏超声结果明确诊断，排除右房肥大。实践中发现有些项目需要较大肺活量（例如游泳）或是运动中屏气（例如举重）心电图可出现一过性p波高宽现象。

2） 高原训练中也可以见到此种心电现象，这种改变也要引起注意，是运动员在高原训练中肺和心脏负荷增加导致；如离开高原环境即恢复正常，为一过性改变；个别运动员是心肌损伤的先兆，需要建议进一步检查。

3） 游泳运动员有运动性哮喘但一直未诊断或未治疗，在运动负荷增加或环境改变时心电图可出现高尖 p 波。（见图 5）

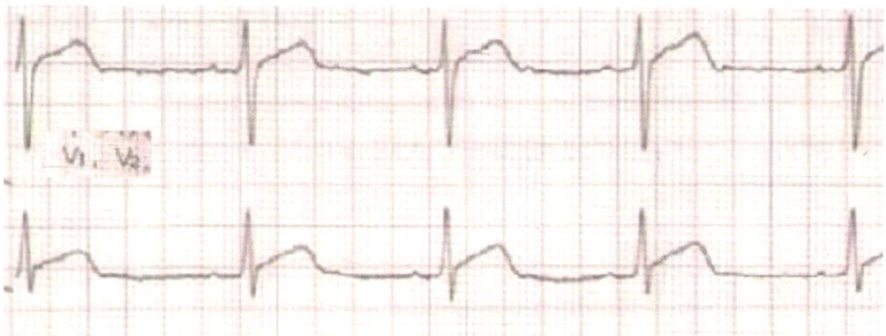

北京心电图

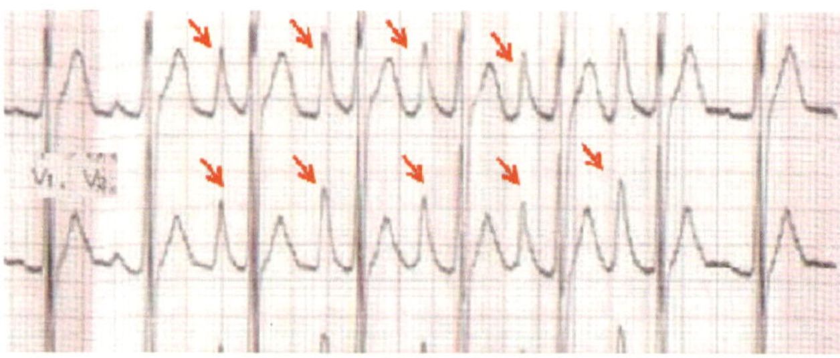

昆明海埂基地高尖p波心电图

图 5　一名游泳运动员心电图

【临床意义】

1）P 波振幅增大（高尖）见于右房扩大，如先心病、肺心病、风心病，时相性房内差异传导。心房梗死时 P 波增高增宽，出现切迹。另外，电解质紊乱，如低钾血症，P 波增高，ST 段下降、T 波低平、U 波振幅增大，V3 导联变化最明显。甲状腺功能亢进时出现窦性心动过速，P 波振幅增高，ST 段下降，T 波低平。其他心律。失常有心房颤动、室性早搏等。

2)P 波时间延长常见于左房扩大，不全性心房内传导阻滞。

第六节 左室高电压

【心电图特征】

心电图上胸壁导联中 RV5≥2.5 毫伏、RV5+SV1≥（3.5～4.0）毫伏，或肢体导联中 RⅠ+SⅢ≥2.5 毫伏、RaVL≥1.2 毫伏、RaVF≥2.0 毫伏。（见图 6）

【运动医学意义】

1）运动员左室高电压检出率明显高于普通人。

2）高强度的运动训练可以导致心室的肥厚，表现为左室高电压。不需要特殊药物治疗，但应该定期复查心电图。

3）左室高电压随多与训练有关，但也不除外先天的因素或肥厚性心肌病，建议所有存在左室高电压的运动员常规做心脏超声检查。

【临床意义】

1）多见于左室扩张或肥大，是左室肥大或扩张诊断标准中不可缺少的条件。

2）左室高电压受许多因素影响，如胸壁肥厚、电极位置移动都有关系，也不能排除是正常的心电生理表现，也不排除是由于长期过度烟酒作用，致使心肌细胞电生理和血流动力方面发生的一种改变。

3）高血压患者如果合并心电图左室高电压时，应考虑存在心肌微血管病变的可能性。

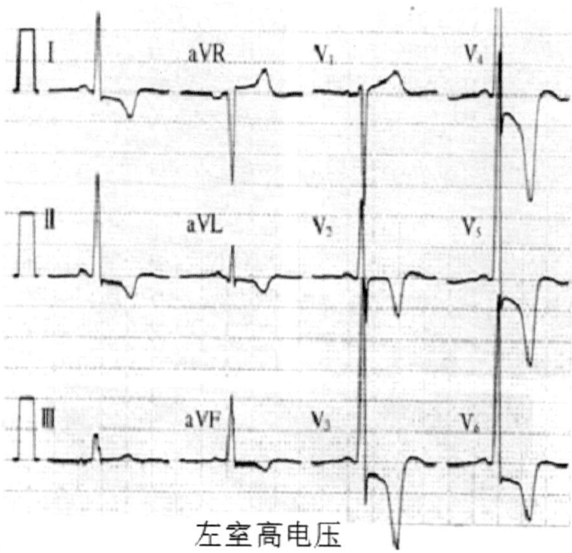

图6

第七节 ST-T 改变与 T 波改变

【正常心电图 ST 段特征】

正常的 ST 段多数位于基线上，但亦可有一定程度的上、下偏移。

ST 段抬高在肢体导联和胸导联的 V4-V6，不应超过 0.1mv，在 V1、V2 导联 ST 段抬高不超过 0.3mv，V3 导联不超过 0.5mv。

ST 段下移，在 aVR 导联不超过 0.1mv，在其他导联都应不超过 0.05mv。

ST 段的正常时限为 0.05-0.15 秒。

ST 段改变包括 ST 段的下移、抬高、延长及缩短。（见图 7）

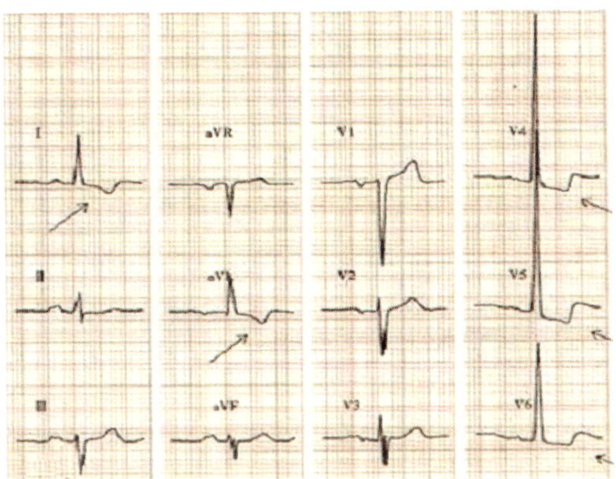

ST-T改变

图 7

【T 波心电图特征】

正常的 T 波，在Ⅰ、Ⅱ、V4-V6 导联直立，aVR 导联倒置。在Ⅲ、aVL、aVF、V1、V2 导联，可以直立、双向或倒置，V3 导联多为直立。若 V1、V2 导联 T 波倒置，V3 导联可以出现浅倒置、低平或双向。但 V1、V2 导联 T 波若直立，V3 导联则不可以倒置，否则异常。

【运动医学意义】

1）运动员 ST-T 改变的发生率为 0.55%—3.29%。引起运动员 ST-T 改变的常见原因有心脏过度紧张，心肌代谢紊乱，如低钾或儿茶酚胺分泌过多可使心肌发生非特异性损伤，不适当的运动可造成细胞内离子代谢障碍等。对于运动员的巨 T 倒置，有的研究认为其出现与心尖部心肌肥厚有关。

2）运动员出现的 ST-T 改变可以见于生理性和病理性情况，生理性 ST-T 改变有以下特点：偶然发现，无心脏病症状和体征，运动能力良好。ST-T 改变的易变性大，可自然消失，一般不伴随其他心电图变化。运动试验常使 ST-T 改变消失或改善。超声检查心室肌收缩时限和心脏功能均正常。多年随访未见心血管系统病理表现。

3）当出现以下情况要考虑病理性可能：ST 段水平降低 >

0.05mv。T 波倒置较深且呈对称形状。I、Avl、V5、V6 导联出现异常 Q 波。Q-T 间期延长。因此，对于出现 ST-T 改变的运动员还是建议进行运动试验、24 小时心电图，必要时进一步做心脏 CT，心脏核磁以了解心内血管血流灌注和心肌损害情况。

4）运动员中还可见到“巨型 T”倒置：多数异联出现 T 波异常。T 倒置较深，超过 2mv，呈对称形状，类似冠状 T 波，伴有 ST 段明显偏移。动态观察其可有改变。据我们的临床观察发现运动员出现多导联“巨型 T”倒置往往与心肌肥厚有关，应通过运动试验了解“巨型 T”倒置是否可逆，并进行心脏超声检查。

【临床意义】

1）临床 ST-T 改变常见于慢性冠状动脉供血不足、心绞痛、心肌梗死、心室肥大、心肌炎、心包炎、心肌病、药物作用及电解质紊乱等。

2）继发性 ST-T 改变　临床常见于心室肥大、束支阻滞、心室预激、室性激动、起搏心律等。

第八节 早期复极综合征（ERS）

【心电图特征】

QRS 波群终点与 ST 段连接处的 J 点抬高，可见明显的 J 波。

ST 段斜型抬高，出现导联通常在 V2-V5 导联和 II、III、AVF 导联明显，形态及幅度 ST 段呈凹面向上及弓背向下抬高，ST 段抬高不伴有对应导联 ST 段压低。在 ST 段抬高的导联上可以出现 T 波的高耸，两支不对称，上升支缓慢，下降支陡直回到基线。（见图 8）

【运动医学意义】

1）运动员心电图早期复极综合征检出率极高，有研究发现运动员早复极总发生率为超过一半。

2）训练年限越长，早复极的发生率越高。

3）男性运动员早复极的发生率高于女性运动员。

4）早复极运动员左室高电压发生率更高。

5）有研究认为，如果 J 点抬高≥0.2mv，则发生恶性室性心律失常的概率可能会增加，因此有必要给予这部分运动员密切监控和进一步检查。

6)运动员 J 点抬高的程度与心输出量的增加和迷走神经兴奋性升高有一定的关联。

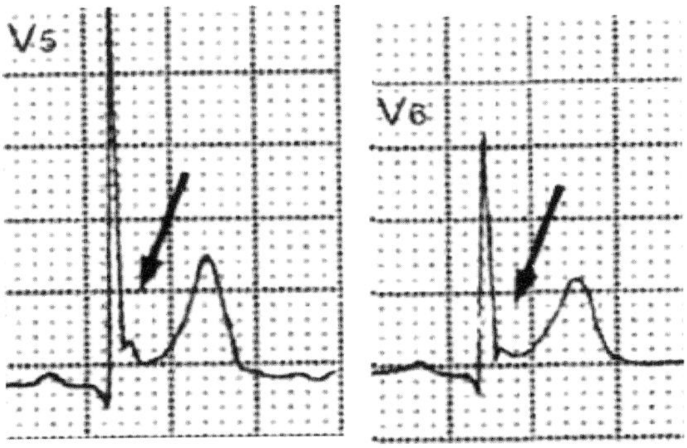

图 8　早期复极综合征

【临床意义】

1）多数情况下早期复极综合征为良性临床过程。ERS 患者长期随访 X 线胸片、冠脉造影及超声心动图和各种实验室检查均未发现明显异常。

2）但需要与下述疾病鉴别：变异型心绞痛、急性心肌梗死、急性心包炎、Brugada 综合征、特发性室颤。

3）采用运动试验是诊断 ERS 较为简单实用的方法，随心率增快，ST 段全部或部分回到等电线 J 波减小或消失，T 波高耸回复正常或倒置变为直立，结合临床此时若症状消失可诊断为 ERS。

4）ERS 一般不需特殊治疗。若合并神经循环异常，可给予对症处理，胸痛可给予止痛剂，严重时可给予硝酸甘油制剂，若出现心律失常可给予抗心律失常药物治疗。

第九节 窦房传导阻滞

窦房传导阻滞（sinoatrial block，SAB）简称窦房阻滞。系窦房结周围组织病变，使窦房结发出的激动传出到达心房的时间延长或不能传出，导致心房心室停搏。 临床上按阻滞程度不同分为三3度：一度、二度和三度，前二者又称不完全性，后者又称完全性。二度窦房阻滞根据图形的不同又可分为二度Ⅰ型及二度Ⅱ型。

【心电图特征】

一、一度窦房阻滞的心电图特征：从理论上推断Ⅰ度窦房传导阻滞是存在的，但由于目前的心电图描记器尚不能把微小的窦房结电位记录下来，因此，单纯存在Ⅰ度窦房传导阻滞在体表心电图上无法诊断。

二、二度Ⅰ型(文氏现象)窦房传导阻滞特征：

1)）P-P 间期逐渐缩短，最后出现长 P-P 间期，此后又逐渐缩短，周而复始。

2）长 P-P 间期小于两个基本 P-P 间期之和。

3)长 P-P 间期后的第一个 P-P 间期长于其前一个 P-P 间期。

4）以上三条是典型文氏现象。临床上见到的大多属于非典型类。可表现为：

(a)P-P 间期逐渐缩短，但在 P 波脱漏前(即长 P-P 前)P-P 不继续缩短，即不变或稍延长，然后才出现长 P-P 间期。

(b) P-P 间期逐渐缩短，但长 P-P 不一定小于两个 P-P 之和。造成不典型文氏现象的原因有窦性心律不齐、期前收缩等。

三、二度Ⅱ型窦房传导阻滞心电图特征：

1）传导比例规则：可呈 3∶2 ；4∶3；5∶4 等比例传导，且保持不变。亦可是阻滞程度较高的 2∶1 或 3∶1 等比例传导。当传导阻滞比达到 3∶1～5∶1 时，可称为高度窦房传导阻滞。此时心室率极为缓慢。

2）传导比例不规则：在一系列规则的窦性 P-P 间期中，突然出现一个 P-QRS-T 的长 P-P 间期，此间期恰是短 P-P 间期的整数倍数。可间歇出现或存在时间较长。（见图 9）

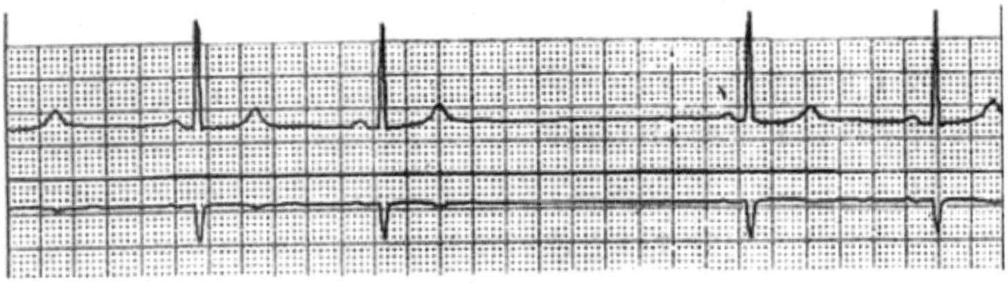

Ⅱ度Ⅱ型窦房传导3∶2比例传导

图 9

四、三度(完全性)窦房传导阻滞心电图特征：

当窦房结的激动全部不能传导到达心房时，心电图上窦性 P 波完全消失，故无法与持续性窦性停搏相鉴别。但如果存在房性逸搏及房性逸搏性心律则有助于窦房传导阻滞的诊断。因为在窦性停搏时房内激动点常同时受到抑制。

【运动医学意义】

运动员受长期运动训练的影响，安静心率较慢，窦性心动过缓和窦性心律不齐往往伴发二度Ⅰ型窦房阻滞。如长 R-R 间期小于 3 秒，且不伴随症状可以定期观察。如果间歇时间明显延长或出现窦性停搏，应进一步检查，排除器质性心脏病，同时调整训练。我们在工作中曾遇到窦性停搏超过 8 秒的运动员，在停训 6 个月后，停搏时间缩短至 3 秒以内，说明有过度疲劳现象。对于存在高度窦房阻滞和窦性停搏的运动员必须完善心脏相关检查，加强医学监控，定期复查动态心电图，必要时停训治疗。

【临床意义】

1）窦房传导阻滞可暂时出现，也可持续存在或反复发作。如窦房传导阻滞反复发作或持续时间较长时，可出现晕厥、低血压、阿-斯综合征等并发症。

2）窦房阻滞患者常无症状，也可有轻度心悸、乏力感以及“漏跳”，心脏听诊可发现心律不齐、心动过缓、“漏跳”（长间歇）。

3）窦房阻滞如为偶发者，多系功能性迷走神经张力增高等所致，而频发或发作时间持久者多为器质性所致，冠心病是最常见的病因，约占 40%。此外，也见于高血压性心脏损害、风湿性心脏病、心肌病、先天性心脏病、慢性炎症或缺血所致的窦房结及其周围组织病变等。

4）对暂时出现又无症状者可进行密切观察，不需要特殊治疗，患者多可恢复正常。对频发、反复、持续发作或症状明显者主要治疗原发病并可口服或静脉注射、皮下注射阿托品。对发生晕厥、阿-斯综合征并且药物治疗无效者应及时植入人工心脏起搏器。

第十节房室传导阻滞（AVB）

【心电图特征】

房室传导阻滞（atrioventricular block，AVB)是指冲动在房室传导过程中受到阻滞。临床上按阻滞程度不同分为 3 度：Ⅰ度、Ⅱ度和Ⅲ度，前二者称不完全性，后者又称完全性。阻滞部位可在心房、房室结，希氏束及双束支。Ⅱ度房室传导阻滞根据图形的不同又可分为Ⅱ度Ⅰ型及Ⅱ度Ⅱ型。

一、Ⅰ度房室传导阻滞特征（Ⅰ° AVB）：

1）P-R 间期＞0.20 秒。

2）每个 P 波后，均有 QRS 波群。Ⅰ度和Ⅱ度Ⅰ型房室传导阻滞，阻滞部位多在房室结，其 QRS 波群不增宽。运动员一般无症状。（见图 10）

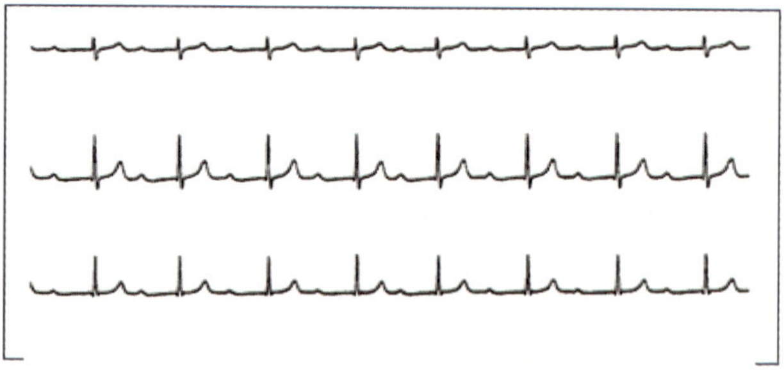

图 10　Ⅰ度房室传导阻滞 P-R 间期＞0.20 秒

二、Ⅱ度Ⅰ型房室传导阻滞特征（文氏现象）：

1）P-R 间期逐渐延长，直至 P 波受阻与心室脱漏。

2）R—R 间期逐渐缩短，直至 P 波受阻。

3）包含受阻 P 波的 R—R 间期比两个 P-P 间期之和为短。此时运动员可无症状也可有心悸。（见图 11）

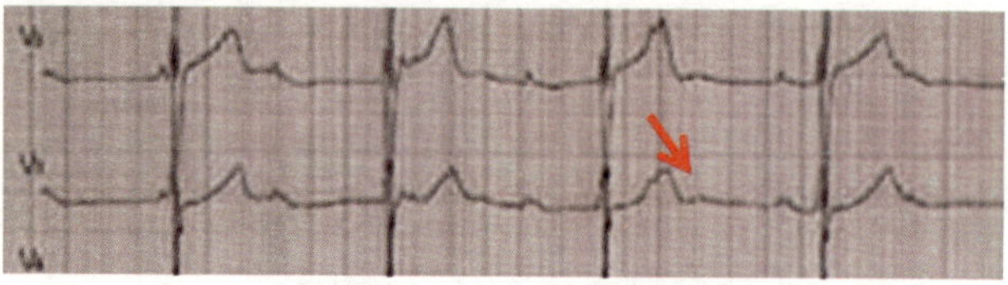

图 11　Ⅱ度Ⅰ型 AVB

三、Ⅱ度Ⅱ型房室传导阻滞特征（莫氏Ⅱ型）

1）P-R 间期固定，可正常或延长。

2)QRS 波群有间期性脱漏,阻滞程度可经常变化,可为 1:1、2:1、3:1、3:2、4:3 等比例脱漏。下传的 QRS 波群多呈束支传导阻滞图型。（见图 12）

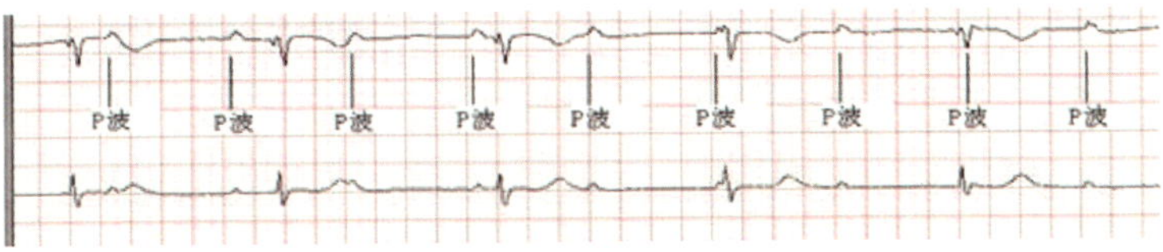

图 12　Ⅱ度Ⅱ型 AVB

四、Ⅲ度房室传导阻滞特征（Ⅲ° AVB）

1）P 波与 QRS 波群相互无关。

2）心房速率比心室速率快，心房心律可能为窦性或起源于异位。

3）心室心律由交界区或心室自主起搏点维持。QRS 波群的形态主要取决于阻滞的部位，如阻滞位于希氏束分支以上，则逸搏起搏点多源于房室交界区紧靠分支处出现高位心室自主心律，QRS 波群不增宽。如阻滞位于双束支，则逸搏心律为低位心室自主心律，QRS 波群增宽或畸形。邻近房室交界区高位逸搏心律的速率常在每分钟 40-60 次间，而低位心室自主心律的速率多在每分钟 30-50 次间。此时是否症状取决于心室率及伴随病变，此时运动员常伴有症状包括：疲乏、头晕、晕厥甚至出现心绞痛、心力衰竭等。（见图 13）

【运动医学意义】

1)运动员的 I 度房室传导阻滞绝大多数为身体训练引起迷走神经张力增强的表现或因体位变化、闭气等原因所致，一般属功能性，对训练和比赛无影响，但少数为过度疲劳或病理因素如急性心肌炎、电解质紊乱所引起。

2）运动员 II 度房室传导阻滞的发生率为 0.125%～7.69%，较一般常人为高，多见于中长跑、马拉松等耐力项目的运动员。也可见于体操、蹦床等对心率调节要求较高的项目。运动员的 II 度房室传导阻滞以一型多见，多数为迷走神经张力增高引起，属生理现象，常在夜间、卧位或闭气时出现，运动、心率加快、过度通气可使之消失。部分可因过度训练、过度紧张而引起；少数见于器质性心脏病，如心肌炎、心肌病、室间隔缺损等。

3)对于心电图出现房室传导阻滞的运动员应该常规进行动态心电图检查，明确病变程度和性质，另外，对于症状明显的运动员还应该进行心脏超声、心肌酶等检查除外心肌炎、心肌病等器质性心脏病可能。

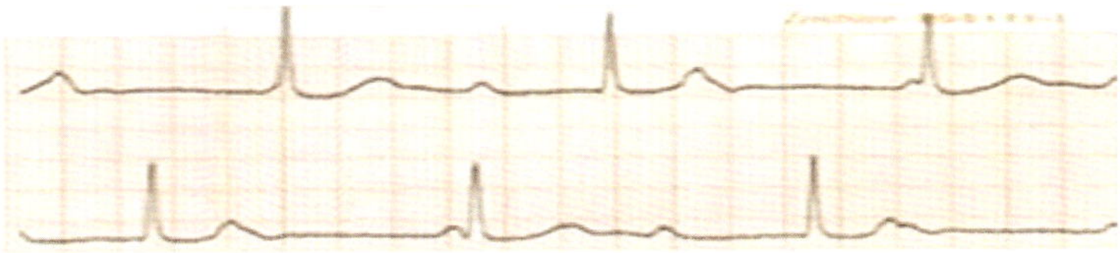

图 13 Ⅲ度房室传导阻滞

【临床意义】

1）迷走神经兴奋，常表现为短暂性房室传导阻滞。心肌纤维退行性变（老化）也可以表现为房室传导阻滞。

2)也见于各种器质性心脏病,以各种原因的心肌炎最常见,如风湿性、病毒性心肌炎和其他感染。也见于冠心病和心肌病。心脏外疾病见于高钾血症、尿毒症等。

3）另外，药物不良反应可能导致心率减慢，如地高辛、胺碘酮、心律平等，多数房室传导阻滞在停药后消失。外伤、心脏外科手术或介入手术及导管消融时误伤或波及房室传导组织时可引起房室传导阻滞。

4）严重的Ⅱ度Ⅱ型和Ⅲ度房室传导阻滞可使心室率显著减慢，伴有明显症状如晕厥、意识丧失、阿-斯综合征发作时，需要植入起搏器治疗，以免发生长时间心脏停搏，导致生命危险。

第十一节 右束支传导阻滞（RBBB）

【心电图特征】

完全性右束支传导阻滞表现为：QRS 时间 > 0.12s；V1 联导出现 rsR’波，R’宽大，或出现一个宽大有切迹象 P 波；I、II、aVL 和 V5 导联出现宽钝 S 波；V1 和 aVR 导联 T 波倒置，I、II、aVL 和 V5 导联 T 波直立。不完全性右束支传导阻滞时，QRS 波群的形态与完全性右束支传导阻滞相似，但 QRS 时间 < 0.12s，其典型表现是 V1 导联 QRS 波群呈 rsR’型，S 型，S 波宽钝，V3r 出现 R’波。

【运动医学意义】

1）运动员不完全右束支传导阻滞的发生率较非运动员高，有报告在马拉松和竞走运动员中高达 51.11%，可能是一种正常变异，或许与训练运动员引起的右心负荷增加和右心扩张有关。

2）运动员完全性右束支传导阻滞的发生率有报告为 0.22%，常无其他心脏病证据。心电图出现右束传导阻滞的运动员，如无心脏病证据，可以参加训练和比赛；对完全性右束传导阻滞和持久存在不完全性右束支传导阻滞，不能排除过度训练和心脏病变的可能，应定期检查，进行随访观察。

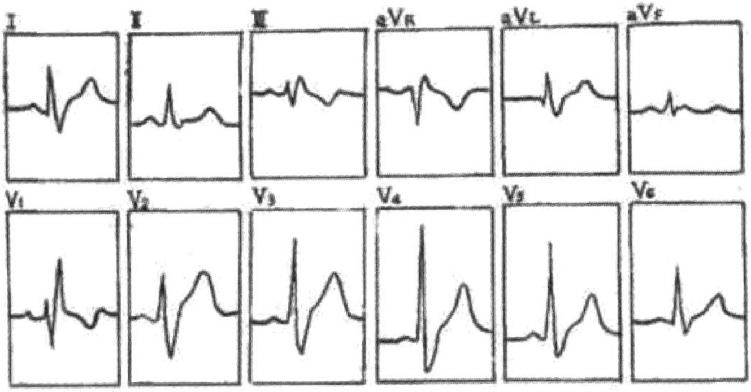

图 14　右束支传导阻滞图示

【临床意义】

1)右束支传导阻滞在一般无器质性心脏病的人群中也很多见，单独存在时预后良好。合并有明确器质性心脏病的室内阻滞患者，其预后与损害的广泛程度及心室功能有关。

2）不完全性右束支阻滞常出现于先天性心血管畸形、部分冠心病及心肌病、慢性肺部疾患、轻度的右心室肥厚或扩张。

3）完全性右束支阻滞患者绝大多数有器质性心脏病，如冠心病、高血压性心脏病、风湿性心脏病、心肌病、肺源性心脏病、先天性心脏病、高钾血症、Lev 病、Lenegre 病或经过心脏直视手术等。（见图 14）

第十二节 早搏（期前收缩）

【心电图特征】

1）房性早搏：提前的异位 P 波，其形态与窦性不同，P-R 间期≥0.12s，代偿间歇不完全，QRS 波及 T 波与窦性心律相似。（见图 15）

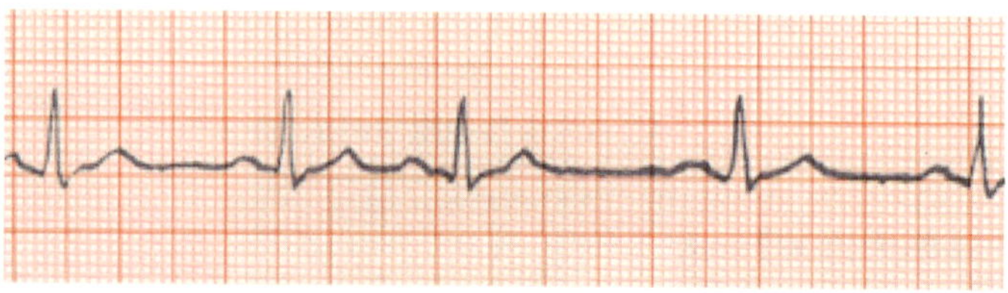

房性早搏

图 15

2）房室交界性早搏：提前出现逆性 P 波（I、II、aVF 导联倒置，aVR 导联直立），逆性 P 波可出现在 QRS 之前，P-R 间期＜0.12s，也可在 QRS 波中，或在 QRS 波之后，R-P 间期＜0.20s，QRS 波及 T 波的形态与窦性相似，代偿间歇不完全。

3）室性早搏：QRS 波提前出现，形态宽大畸形，时限＞0.12s，提前出现的 QRS 波前无 P 波，T 波与 QRS 波主波方向相反，有完全代偿间歇。（见图 16、17）

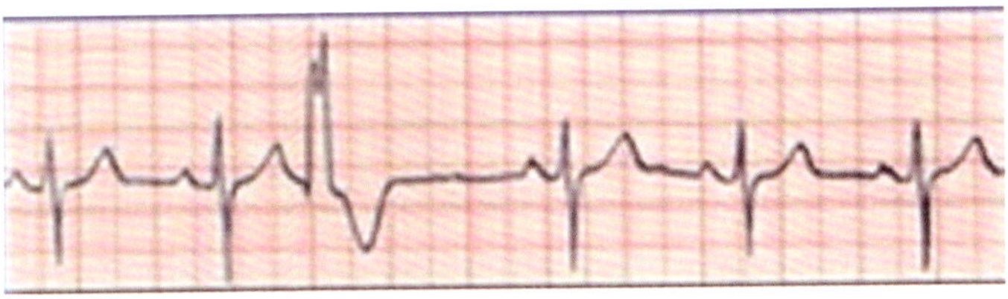

室性早搏

图 16

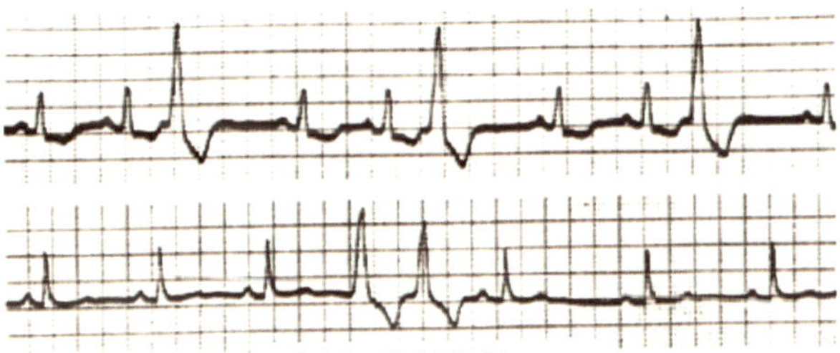

成对出现的室性早搏

图 17

【运动医学意义】

1）运动员出现早搏常见的原因是过度疲劳，有的和感染、情绪因素有关。当过度疲劳消除后、感染痊愈后、情绪刺激消失后，早搏消失。此时运动员身体机能良好，对训练和比赛未见不良影响。

2）运动员出现的早搏如果在运动过程中减少和消失，可以进行比赛和训练。如果在运动中不消失或者增多，应慎重。建议所有出现早搏的运动员进行动态心电图检测，明确早搏的类型、部位及性质。

3）运动员出现的大部分早搏都是生理性的，也有少部分由器质性病变造成，如心肌炎、心肌病、马凡氏综合征都可能以早搏为首发症状或单一症状，因此对待运动员早搏一定要重视，必须完整了解病史、运动史、家族史，完善体格检查、心脏超声、运动试验，必要时进行心脏核磁和电生理检查。

【临床意义】

1）过早搏动可发生于正常人。但心脏神经官能症与器质性心脏病患者更易发生。

情绪激动，神经紧张，疲劳，消化不良，过度吸烟、饮酒或喝浓茶等均可引起发作，亦可无明显诱因。

2）洋地黄、钡剂、奎尼丁、拟交感神经类药物、氯仿、环丙烷麻醉药等毒性作用，缺钾以及心脏手术或心导管检查都可引起。

3）冠心病、晚期二尖瓣病变、心脏病、心肌炎、甲状腺功能亢进性心脏病、二尖瓣脱垂等常易发生过早搏动。

第十三节 逸搏

【心电图特征】

房室交界性

逸搏无 P 波或有逆行 P 波，QRS 波群与正常者相同，但也可以有室内差异性传导，多在窦性停搏或长 R-R 间期后出现。连续 3 次以上的房室交界性逸搏称为房室交界性心律。

【运动医学意义】

1）运动员发生房室交界性逸搏往往是一种生理保护机制，常发生在窦性心动过缓、窦性心律不齐、二度房室传导阻滞、窦房阻滞的较长的心动周期内，以免心脏停搏过久。

2）在运动员窦性心动过缓、窦性心律不齐、二度房室传导阻滞、窦房阻滞心电图中可以见到房室交界性逸搏。

3）运动员出现房室交界性心律，左房心律和右房心律的运动医学意义相同，可以发生在正常训练状态的运动员和技能状态不良的运动员，部分运动员伴有病理性心脏异常。应该进一步检查，明确发作的规律和性质，排除器质性心脏疾病。

4)运动员出现房室交界性逸搏应该结合训练史和心血管检查资料综合考虑。运动以后心跳加快时常可以使房室交界性心律，左房心律和右房心律消失，恢复正常心律。

【临床意义】

1）交接区性逸搏心律不常见，大多为暂时性的。主要继发于窦房传导阻滞、窦性停搏、明显的、很缓慢的窦性心动过缓及房室传导阻滞。其本身是房室交接区组织正常潜在的自律性功能的表现，具保护作用。

2）洋地黄中毒、奎尼丁中毒或者应用β受体阻滞药、利血平等或者阿托品作用早期也可引起此种心律。

3）有心脏病者，例如风湿性心肌炎或其他炎症损害窦房结或冠状动脉长期供血不足引起窦房结退行性变。也可见于心肌病、急性心肌梗死伴窦性心动过缓、传导阻滞、室内传导系统退行性变。较持久的交接性心律失常伴有明显的窦房结功能障碍，如病态窦房结综合征等。

第十四节 阵发性心动过速

【心电图特征】

阵发性室上性心动过速心电图示连续 3 个以上迅速出现 QRS 波，频率 160～220 次/分钟。R-R 间距相等。阵发性室性心动过速心电图示连续出现 3 次或 3 次以上室性异位搏动，QRS 波群宽大畸形，时限＞0. 12 秒，T 波与 QRS 波群主波方向相反。（见图 18）

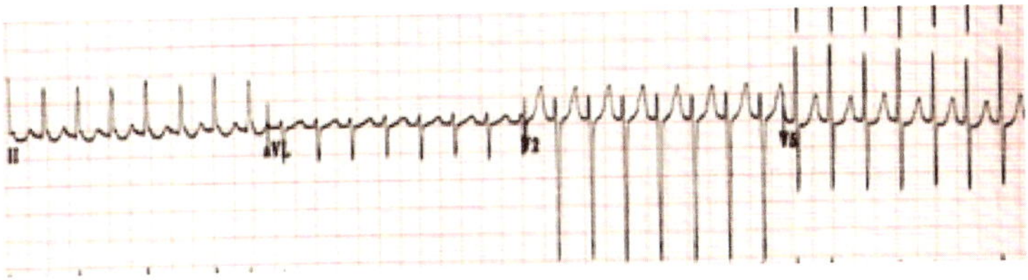

阵发性室上性心动过速

图 18

【运动医学意义】

1）运动员中出现的阵发性心动过速以室上速多见，多属于功能性改变，临床无心脏病证据，但是反复发作且持续时间过长，对运动训练有较大影响。部分运动员运动训练中发生心慌、头晕甚至晕厥，检查运动试验可以发现室上性心动过速发作。

2）室性心动过速比较少见，曾有 2 例运动员可疑右室心肌病，二人曾有过阵发性室性心动过速史。室性心动过速且多伴有器质性的心脏病，少数也有正常者。对阵发性心动过速需要慎重对待。

3）无论何种性质的心动过速，都建议进行动态心电图和运动试验等检查，明确发作的性质、时间、诱发因素等，必须进一步排除器质性心脏病才可以参加正常训练和比赛。

【临床意义】

1）阵发性室上性心动过速的病因在我国最常见为预激综合征，房室结双通道占30%，其他包括冠心病、原发性心肌病、甲状腺机能亢进、洋地黄中毒等。

2）阵发性室性心动过速常伴有各种器质性心脏病。如冠心病、急性心肌梗塞、二尖瓣脱垂、艾勃斯坦畸形、心脏手术以及Q-T间期延长综合征。诱因包括运动、过度疲劳、情绪激动、妊娠、饮酒或吸烟过多等。

第十五节 房颤（AF）

【心电图特征】

房颤时心电图表现为P 波消失，代之以大小不等、形态及时限均不规则的颤动f波，以V1、Ⅱ、Ⅲ、aVF导联为明显。f波的振幅多在0.1～0.5毫伏之间，远较F波为小，通常把大于0.1毫伏者称粗颤，把小于0.1毫伏者称细颤。.心房频率在350～600次/分之间，f波越纤细频率越快，f波粗大则频率较慢。故可以低于350次/分或高于600次/分。f波之间无等电位线。P-P间期绝对不齐，在f波不显或由于心室率过快f波观察不清时，可结合P波消失而作出此诊断。心室率依心室率的快慢一般把心房颤动分为三种类型：慢速型为心室率≤100次/分，一般在60～100次/分之间。快速型为心室率在100～180次/分

之间。特快型为心室率在 180 次/分以上。（见图 19）

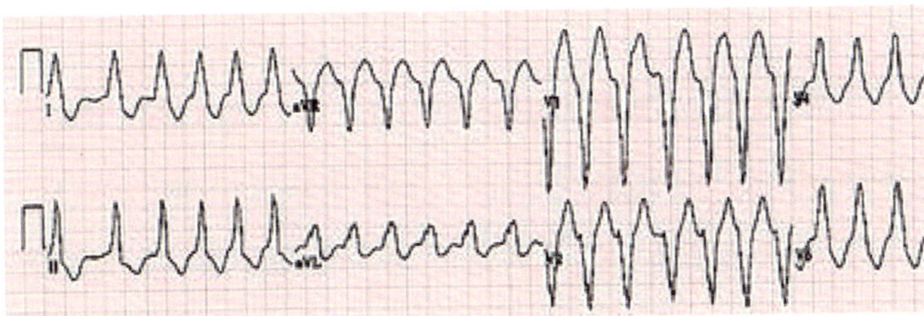

图 19　房 颤

【运动医学意义】

1）房颤在年轻运动员中少见，在中老年教练员中稍多，不一定是非常严重的心律失常，有时只影响参与激烈运动。但即使房颤是唯一异常，也应该提高警惕，除外器质性心脏病。

2)过度疲劳和过度紧张可以引起一过性房颤,应积极治疗。中老年教练出现间歇或持续房颤可以无明显自觉症状，可以进行轻微体力活动，生活完全可以自理，但不宜参加剧烈运动。

3）运动员房颤的治疗和普通患者一样，需要考虑抗凝、控制心室率等，应严格按照临床路径评估、检查、治疗。

【临床意义】

器质性心脏病：

1）风湿性心脏病：以二尖瓣狭窄及闭锁不全多见。

2）冠心病：经冠状动脉造影证实为冠心病心绞痛者，心房颤动的发生率为 1.5%。

3）高血压性心脏病：其心房肌的很多小动脉管腔可因内膜增厚而狭窄或完全闭塞，使局部心肌发生缺血性变化及纤维化。

4）甲状腺功能亢进，多见于 40～45 岁患者。青年患者较少见，即使发生也多为阵发性。

5）病态窦房结综合征，特别是窦房结周围变性以及窦性冲动的异常，可促使心房颤动的发生。

6）心肌病：各类型的心肌病，常因伴有局灶性的心房肌炎症、变性或纤维化、心房扩大易导致心房颤动的发生。

第十六节 预激综合征（WPW）

【心电图特征】

预激是一种房室传导的异常现象，冲动经附加通道下传，提早兴奋心室的一部分或全部，引起部分心室肌提前激动。有预激现象者称为预激综合征（pre-excitation syndrome）或 WPW（Wolf-Parkinson-White）综合征，常合并室上性阵发性心动过速发作。典型的预激综合征心电图示 PR 间期（实质上是 P-δ 间期）缩短至 0.12 秒以下，大多为 0.10 秒；②QRS 时限延长达 0.11 秒以上；③QRS 波群起始部粗钝，与其余部分形成顿挫，即所谓预激波（δ波）④继发性 ST-T 波改变。 另有一种 PR 间期少于 0.12 秒，大多在 0.10 秒；QRS 波群正常，无预激波。这种心电图表现又称为短 PR、正常 QRS 综合征或 L-G-L（Lown-Ganong-Levine）综合征。（见图 20）

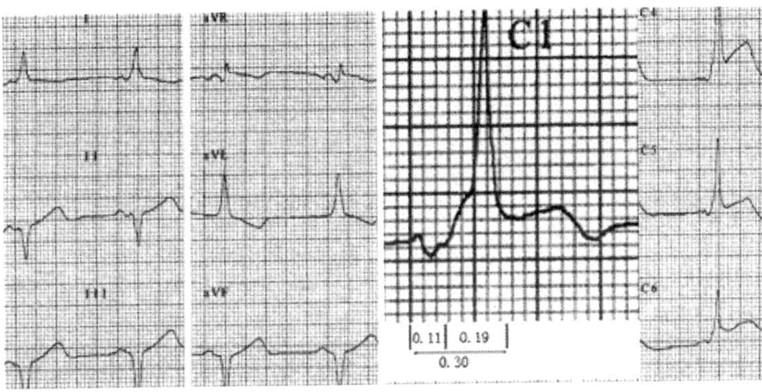

图 20 预激综合征

【运动医学意义】

1）有预激综合征的绝大多数在青年或中年开始出现心律失常，因此运动员心电图发现预激综合征应该进一步检查动态心电图，了解是否已经合并心律失常出现。

2）预激综合征在运动员中发生率高于普通人群，有症状的预激综合征反复发作，影响正常训练和运动能力的提高，无症状预激综合征发生率高，同样存在一定的心律失常发生率及猝死率，进行危险分层及合理的防治，以期减少不良事件的发生。

【临床意义】

1）单纯预激并无症状。并发室上性心动过速与一般室上性心动过速相似。并发房扑或房颤者，心室率多在 200 次/分左右，除心悸等不适外尚可发生休克、心力衰竭甚至忽然死亡。

2）预激综合征患者大多无器质性心脏病。也见于某些先天性和后天性心脏病，如三尖瓣下移、梗阻型心肌病等。

3）预激本身不需特殊治疗。并发室上性心动过速时，治疗同一般室上性心动过速。并发房颤或房扑时，如心室率快且伴循环障碍者，宜尽快采用同步直流电复律。如室上性心动过速或房颤、房扑发作频繁，宜应用抗心律失常药物长期口服预防发作。对于经常发作室上速，症状明显者，宜行电生理检查明确旁道部位后用电消融术，射频消融术，或外科手术治疗。

第十七节 心率变异性（HRV）

心率变异性（HRV）是近年来用于测定和评估运动人群心脏自主神经功能的无创检测手段。适时测量运动员的 HRV，定量评估心脏自主神经系统活性。可以为正确判断运动负荷对心脏的影响提供依据。运动员具有较大的心率变异性和更高的植物神经张力。

【参考指标】

时域法各项指标：SDNN、RMSSD、SDSD、PNN_{50}。

频域法各项指标：TP、LF、VL。

【运动医学意义】

1）HRV 各项指标中 SDNN、TP 高，说明运动员具有更高的自主神经调节功能；RMSSD、SDSD 和 PNN50 高，表明运动员具有更高的迷走神经活性。同时 LF 和 VLF 高，表明运动员在安静状态下也存在更高的交感神经活性。运动能提高交感神经张力，是运动适应的表现。

2）运动员与非运动人群相比具有更大的心率变异性，迷走神经活性强于非运动人群。运动员存在更强的自主神经调节功能。研究显示呼吸频率的变化是影响心率变异性最主要的因素之一，长期剧烈的肌肉运动对心脏自主神经的调控提出更高的要求，导致迷走神经张力增高。

3）运动人群的自主神经功能的加强具有积极的生理意义。交感神经活动常以整个系统参与反应，因此，剧烈的肌肉运动时、血糖浓度、肾上腺素分泌的调节等都可影响心脏交感神经的张力。副交感神经活动比较局限，主要在于保护机体、休整恢复、促进消化、积蓄能量以及加强排泄和生殖功能。

4）运动训练后自主神经活性增加，心迷走神经活性增强正是心血管系统对运动训练适应性反应的结果。运动员与非运动人群相比具有更大的心率变异性。具有更强的自主神经活性及迷走神经张力。

【临床意义】

1）心率变异性是指在窦性心律的一定时间内。逐次心动周期之间时间变异数．其实质就是分析心率的快慢、差异性的大小及其规律，是评价心脏自主神经调节功能的一个有价值的无创检测指标。

2）HRV 分析逐个心动周期的细微的时间变化及其规律。这种变化在体表记录的常规心电图上常难以测出或因微小而略而不计，常规心电图上习惯描述的规则的窦性心律绝不等于心率没有变异。HRV 的研究对象只是逐次心动周期的时间差别，罗列人体每次心动周期间的差别可显示出一大堆貌似无序的参数反映了心率连续的瞬时波动。心率的波动并非偶然而是受体内神经体液的调控，为适应不同的生理状况或某些病理状态而作出的反应。

3）HRV 线性测量方法主要为时域法和频域法。在时域分析指标中。SDNN 用以量度自主神经系统的活动水平，RMSSD 用以量度迷走神经的活动水平。RMSSD 是反映迷走神经功能的最佳量化指标。心率变异性的频域指标分析比时域分析能更好地反映自主神经的活性。在频域分析指标中，TP 代表自主神经系统活性的水平；HF 代表迷走神经活性水平。频域分析法中 VLF 主要反映交感神经系统活性。LF 是交感神经和迷走神经共同作用的一个混合带。在分析心率变异性时，同时采用时域法和频域法被认为是评价自主神经功能的理想方法。

第四章 运动员超声心动图指标与意义

超声心动图是应用超声波回声探查心脏和大血管以获取有关信息的一组无创性检查方法。包括M型超声、二维超声 、脉冲多普勒、连续多普勒、彩色多普勒血流显像。

M 型超声心动图可用于分析心壁厚度、运动速度、幅度、斜率及瓣膜等高速运动的轨迹。二维超声心动图采用三个直角相交的平面束观察心脏，是各种类型超声心动图发展的基础，超声造影、经食管超声均要建立在二维超声心动图像的基础上。可从二维空间显示心脏大血管不同方位的断层结构、毗邻关系与动态变化，是心脏超声的核心检查手段，适合于各种类型心血管疾病的检查。脉冲多普勒超声心动图是在二维或 M 型图像监视定位下，利用多普勒原理，采用距离选通技术，将取样容积放在心脏或大血管内一定部位，取一定容积的血流信息，经快速傅立叶变换，实时地以频谱的方式显示某点的血流速度、方向和性质。据此可以判断各瓣膜口有无狭窄、返流，了解心内有无分流，并且计算心排血量和跨瓣口的压力阶差。经食管超声心动图是近年发展起来的心血管超声新技术，因其采用特殊的探查位置和优质的图像显示，开辟了心脏大血管影像学检查的新视窗，扩展了经胸超声检查的范围，弥补了经胸超声心动图的不足，因而在临床上逐渐得到较广泛应用。

在运动医学方面，超声心动图的应用显得尤为重要。经过长期训练的运动员心脏其形态结构及功能都异于常人，体现出体育锻炼对提高心脏泵血能力和增强机体有氧代谢能力的积极作用。但是，目前对于运动性心脏肥大是生理现象还是病理表现还未有最终结论。心肌肥厚伴有异常心电图与肥厚型心肌病相似。在竞技体育中，高强度的剧烈运动是其鲜明特征之一，人体的心血管系统若不能适应突然的剧烈运动会导致运动性猝死的发生。因此，超声心动图在运动员科学选材并预防运动性猝死及训练运动监控中起着积极的指导作用。随着超声技术的不断普及和发展，应用小型便携式超声心动仪可以到训练或比赛的现场进行检测，实现对运动员从安静状态至不同运动负荷的动态观察，使得医务监督的范围更广，层次更深入，作用更明显。

第一节 每搏输出量（SV）

【参考值】

每搏输出量（stroke volume）指一次心搏，一侧心室射出的血量，简称搏出量。

正常成人：心室每搏输出量 65～70ml

本研究实际测量 3165 名运动员每搏输出量，计算 95%置信区间为 72.38～74.54ml（见表 2.4.1）。

表 2.4.1 国家队优秀运动员每搏输出量统计分析

	n	最小值	最大值	均值	标准差	95%置信区间	常规范围
每搏输出量（ml）	3165	45	128	73.46	16.08	72.38～74.54	65～70

【运动医学意义】

1）通常运动训练后心脏的收缩功能如每搏输出量（SV）增强。心输出量主要取决于左心室舒张末期容积（EDV）和左心室收缩末期容积（ESV）。每搏输出量增大说明运动员心脏的收缩（射血）功能较好，也表现出运动员具备更高的心力储备能力。

2）普通人运动递增负荷过程中，每搏输出量（SV）随运动负荷而减少，由于心舒张期缩短使 EDV 减少，同时心肌收缩力增强使 ESV 也减小，但 EDV 减少程度高于 ESV 的减小，故引起 SV 随递增负荷而逐渐减少。优秀运动员每搏输出量（SV）增大是因为运动员心腔容积大，外周肌肉的收缩加强了回心血量，每搏输出量大，相应心肌收缩力增强，能够适应更高强度负荷。

3）运动项目不同，运动员每搏输出量不同，耐力类项目运动员每搏输出量最高，其次为对抗类项目和速度力量类项目，表现类项目最低。耐力类运动员通过训练获得良好的心脏适应表现，心脏收缩能力高，心功能储备能力高，这是其在不同项群之间心输出量最高的基础条件（见表 2. 4. 2）。

表 2. 4. 2 不同项群间心输出量比较

项群	力量速度类	耐力类	表现类	对抗类
心输出量（ml）	72.11±15.79**	77.57±13.47**	62.92±12.26**	77.39±16.30**

** $p < 0.01$，* $p < 0.05$

【临床意义】

1）心输出量（SV）也是提示心脏收缩功能的重要指标之一，受到心率、心肌收缩力、静脉回心血量等影响。心力衰竭的主要血流动力学改变是心输出量减低，不能满足组织代谢的需要，其减低程度与心力衰竭程度一致。

2）心肌梗死病人如监测到心输出量呈进行性下降，常预示心源性休克将发生。

第二节 主动脉根部内径（AO）

【参考值】

男：2.71±2.6cm

女：2.62±1.9 cm

本研究实际测量3164名运动员主动脉根部内径，计算95%置信区间为男运动员2.96～2.97cm，女运动员2.82～2.89cm。男女运动员均在上述参考范围之内（见表2.4.3）。

表2.4.3 国家队优秀运动员主动脉根部内径统计分析

性别	n	最小值	最大值	均值	标准差	95%置信区间	常规范围
男	1935	2	4.7	3	0.34	2.96～2.97	3.3～3.6
女	1229	2	3.9	2.85	0.37	2.82～2.89	2.8～3.2

【运动医学意义】

1） 运动员在运动过程中，交感神经兴奋，心脏收缩力量增强，外周骨骼肌的收缩作用导致回心血量增加，血压上升，主动脉压力增大，导致主动脉根部内径（AOD）暂时性扩大，长期作用下主动脉根部可能存在一定程度扩张。

不同运动项目运动员主动脉根部内径之间存在差异，男运动员主动脉根部内径在速度力量类项目最高，表现类项目最低。女运动员主动脉根部内径在对抗类项目最高，表现类项目最低(见表 2.4.4)。

表 2.4.4 主动脉根部内径项群间比较

项群	性别	速度力量类	耐力类	表现类	对抗类
主动脉根部内径（cm）	男	3.13±0.39**	3.00±0.36**	2.90±0.27**	3.09±0.31**
	女	2.74±0.28**	2.78±0.29**	2.56±0.24**	2.88±0.28**

** $p < 0.01$，* $p < 0.05$ 各组间比较

【临床意义】

主动脉根部内径（AOD）是超声心动图检查中的常规测量项目。在长期高血压、主动脉瓣关闭不全（风湿性、梅毒性或动脉硬化性），动脉导管未闭、升主动脉瘤、主动脉窦瘤破裂、主动脉瓣口狭窄、马凡综合征、夹层动脉瘤和冠心病等疾病中，常发现主动脉增宽。

第三节 左室射血分数（LVEF）

射血分数，即 LVEF（Left Ventricular Ejection Fractions），是指：每搏输出量占心室舒张末期容积量的百分比。

【参考值】

正常值：射血分数≧50

本研究实际测量 3164 名运动员射血分数，计算 95%置信区间为 66.45～67.61ml（见表 2.4.5）。

表 2.4.5 国家队优秀运动员射血分数统计分析

	n	最小值	最大值	均值	标准差	95%置信区间	常规范围
射血分数%	3164	51.7	85.5	67.03	9.05	66.45～67.61	≥50

【运动医学意义】

1）射血分数（EF）通常是反映左心室收缩功能的敏感指标，不容易受个体差异、心脏大小及心率的影响，能够客观地反映左心室收缩功能。

2）运动员随着运动量及运动年限的增加，射血分数（EF）显著增加。

3）本研究针对国家队优秀运动员的大样本调查显示，不同项群组间的射血分数具有显著性差异（P=0.02），其中射血分数在对抗类项目最高，在表现类项目最低。对抗类运动员以无氧运动为主，存在缺氧现象，同时心肌的前后负荷增加，二者协同刺激内皮素增加，内皮素刺激心肌收缩力增强（见表 2.4.6）。

表 2.4.6 射血分数项群间比较

项群	速度力量类	耐力类	表现类	对抗类
射血分数（%）	66.06±9.05*	66.90±9.33*	65.50±4.28*	67.89±10.05*

** $p < 0.01$，* $p < 0.05$ 各组间比较

【临床意义】

射血分数（EF）是反映左室收缩功能的可靠指标。在静息状态下，EF＜50%已被公认为左室收缩功能减低的诊断标准；EF在 50%～40%认为左室收缩功能轻度减低；EF 在 40%～30%认为左室收缩功能中度减低；EF 在＜30%认为左室收缩功能重度减低。

第四节 左室短轴缩短率（FS）

【参考值】

左室短轴缩短率（FS）是评估左室心肌收缩功能的敏感指标。

正常值：25%～35%

本研究实际测量3164名运动员缩短分数，计算95%置信区间为42.54%～45.97%（见表2.4.7）。

表2.4.7 国家队优秀运动员缩短分数统计分析

	n	最小值	最大值	均值	标准差	95%置信区间	常规范围
缩短分数%	3164	29.56	58.8	40.26	9.96	32.54～41.97	30～35

【运动医学意义】

1）运动强度提高，左心室短轴缩短率升高，尤其在运动开始增加更为显著。即平均短轴缩短率随运动强度递增而增加。

2）本研究针对国家队优秀运动员的大样本调查研究显示左室短轴缩短率同运动项目有关，不同项群组间的缩短分数具有极显著性差异（P=0.00），其中缩短分数在对抗类项目最高，在速度力量类项目最低（见表2.4.8）。

表 2.4.8 缩短分数项群间比较

项群	速度力量类	耐力类	表现类	对抗类
缩短分数(%)	35.22±5.19**	46.15±28.30**	37.32±9.66**	48.69±30.98**

** $p < 0.01$ 各组间比较

【临床意义】

左室短轴缩短率（FS）是评估左室心肌收缩功能的敏感指标。左室短轴缩短率 FS 与左室射血分数 EF 呈线形相关，其正常值为 25%～35%。

第五节 左室舒张末期前后径（LVEDD）和左室收缩末期前后径（LVESD）

【参考值】

左室舒张末期前后径

正常值：3.5～5.7 cm

左室收缩末期前后径

正常值：2.5～4.3 cm

本研究实际测量 3164 名运动员左室舒张末期及收缩末期前后径，计算 95%置信区间左室舒张末期前后径男运动员为 4.88～5.94，女运动员 4.85～5.05；左室收缩末期前后径为男运动员 2.14～4.19，女运动员 2.60～3.17（见表 2.4.9）。

表 2.4.9 国家队优秀运动员左室前后径统计分析

	性别	n	最小值	最大值	均值	标准差	95%置信区间	常规范围
舒张末期左室前后径 cm	男	1935	3.7	6.11	5.23	0.45	4.88～5.94	≤5.7
	女	1229	3.5	6.08	4.97	0.50	4.85～5.05	≤5.2
收缩末期左室前后径 cm	男	1935	2.02	4.37	3.17	0.38	2.14～4.19	2.5～4.3
	女	1229	2.43	4.32	3.14	0.58	2.60～3.17	2.5～4.3

【运动医学意义】

1） 运动员左室舒张末期前后径和收缩末期前后径的扩大，首先与长期运动训练有关。一般情况下，耐力项目运动员表现明显，应动态观察扩大的严重程度和速度。如果短时间内有明显扩大，请做其他心脏相关检查。

2） 不同运动项目运动员左室舒张末期内径存在差异，本项目研究结果显示男运动员左室舒张末期内径耐力类项目最高，表现类项目最低。女运动员左室舒张末期内径耐力类项目最高，表现类项目最低（见表 2. 4. 10）。

表 2.4.10 左室舒张末期内径项群间比较

项群	性别	速度力量类	耐力类	表现类	对抗类
左室舒张末期内径（cm）	男	4. 98±0. 51**	5. 11±0. 54**	4.67±0.35**	5.17±0.38**
	女	4.66±0.38**	4.81±0.33**	4.38±0.34**	4.73±0.31**

** $p < 0.01$，* $p < 0.05$ 各组间比较

男子与女子左室舒张末期内径均在耐力类最高，提示耐力项目运动员在长期系统的训练中，每个心动周期心脏的收缩前期较长，心脏能有较为充分的舒张期充盈，作为心脏的慢性生理性适应，这种经常的充盈使心肌纤维参加活动的肌节增加和心室内径扩大。

【临床意义】

病理情况下通常见于冠心病、高血压、各种原因所致主动

脉瓣狭窄及关闭不全，心肌病等均可以引起心室扩大，并出现相应的临床症状和体征。

第六节 二尖瓣血流频谱 VE 峰值和 VA 峰值

正常的二尖瓣血流图由代表早期充盈的 E 峰和晚期充盈的 A 峰组成。VE 是左心室主动舒张产生的血流峰值，简称 VE 或 E 峰；VA 是左心房主动收缩补充射血产生的峰值，简称 A 峰；舒张功能正常时，E 峰大于 A 峰，E/A > 1。

【参考值】

VE：0.72±0.14 m/s

VA：0.40±0.10 m/s

本研究实际测量 3164 名运动员二尖瓣血流频谱，计算 95%置信区间（见表 2.4.11）。

表 2.4.11 国家队优秀运动员超声 VE、VA 统计分析

	n	最小值	最大值	均值	标准差	95%置信区间	常规范围
VE m/s	3164	0.54	1.22	0.81	0.14	0.81～0.92	0.58～0.86
VA m/s	3164	0.28	0.87	0.39	0.11	0.38～0.59	0.3～0.5

【运动医学意义】

1）运动过程中心脏舒张功能的变化，随运动负荷和强度的提高，运动员 E 峰峰值流速、舒张早期的充盈分数、E/A 比值均增加。长期的运动训练的确能够提高左心室舒张功能。随运动负荷和强度增加，心率加快，左心室收缩时间相对延长而舒张时间缩短，在达到靶心率时左心室的血液充盈和泵出能力增强，即左心室舒张功能效率较高。

2）运动员心脏中，生理性的心肌肥厚并不导致心肌舒张功能的减退，E/A 比值仍大于 1。如果运动员心肌疲劳，心率增加，可能出现 E/A 比值减小甚至小于 1 的情况。此时需要综合分析，是否由于心率增快缩短了左室舒张时间，从而导致暂时性左室舒张功能减低。

3）本项目研究结果显示不同项群之间的 Ve、Va 均具有极显著性差异，其中 Ve 在耐力类项目最高，速度力量类项目最低。耐力类运动员心率较低，使心肌耗氧量减少，从而提高了心脏的做功效率，射血时间显著延长，可以明显提高每搏量。Va 在速度力量类项目最高，表现类项目最低。速度力量类运动员随运动负荷和强度增加，心率加快，左心室收缩时间相对延长而舒张时间缩短，在达到靶心率时左心室的血液充盈和泵出能力增强，即左心室舒张功能效率较高（见表 2.4.12）。

表 2.4.12 不同项群间二尖瓣 VE、VA 比较

项群	速度力量类	耐力类	表现类	对抗类
Ve（m/s）	0.79±0.12**	0.83±0.12**	0.83±0.13**	0.80±0.15**
Va（m/s）	0.41±0.09**	0.38±0.12**	0.37±0.13**	0.39±0.09**

** $p < 0.01$，* $p < 0.05$ 各组间比较

【临床意义】

1）二尖瓣环运动频谱反映了左室的机械运动，从另一角度反映了左室的舒张功能，简单实用。舒张功能减退表现为早期充盈波 Em 降低，左室舒张功能异常在二尖瓣血流图上可表现为：病变早期，左室舒张功能减退，舒张早期左房左室间压力阶差减小，左室舒张减缓，舒张晚期心房收缩射血代偿性地增多。表现为 E 峰减小、A 峰增大，E/A < 1，减速时间（DT）延长。

2）左室顺应性下降，左室的充盈压开始增高，二尖瓣血流图表现为假性正常化。对于正常个体，给予硝酸甘油或憋气动作时，前负荷降低，二尖瓣血流图 E 波和 A 波的速度同步降低，E/A 比值仍属正常；当病变严重，即所谓限制性生理期时，左室顺应性明显下降、左房压力也明显增高，此时反而出现舒张

早期显著充盈，其二尖瓣血流图表现为：E 峰上升支较陡，减速也迅速（DT 时间明显减少，≤140ms），舒张晚期充盈减少，即大 E 峰、小 A 峰，E/A＞2。根据其对前负荷降低（憋气动作）的反应，及二尖瓣瓣环 TDI 频谱，又可将其分为可逆和不可逆两个亚组，其长期预后有着明显的差别。当进行憋气动作时，二尖瓣血流图由基础状态下的限制性生理（E/A＞2）转变为弛张。受损（E/A＜1）为可逆组，代表左房收缩功能相对良好，预后相对较好。基础状态下的限制性生理图形不随憋气动作发生改变者，为非可逆组，这时常常伴有收缩功能的严重损害，左室充盈压的显著升高，患者常常发展为严重的充血性心功能衰竭，短期和长期预后不良。二尖瓣瓣环 TDI 频谱中的 Aa 波也代表左房收缩功能，基础状态下 Aa 峰值＞0.05m/s 有助于识别可逆性限制性生理。

3)缩窄性心包炎和限制型心肌病在临床及常规超声心动图上较难鉴别,测量二尖瓣环组织多普勒 TDI 频谱中的 Ea 峰值可以帮助诊断。在缩窄性心包炎中，Ea 速度常显著升高，而在限制型心肌病中 Ea 速度明显低于正常。Ea＜8cm/s 提示限制性心肌病可能。

4）二尖瓣血流图中的各项指标受年龄、性别、心率、 左室负荷、二尖瓣反流等多种因素的影响，而且存在假性正常化，因此在分析二尖瓣血流图时应考虑到患者的年龄、性别和临床情况等个体化信息，并结合其他超声方法和指标进行综合分析。

第七节 左心室 Tei 指数（Tei）

【参考值】

3～18 岁者：左室 Tei 指数为 0.35±0.03；

成人：左室 Tei 指数为 0.39±0.05，

【运动医学意义】

1）左室 Tei 指数是心室等容收缩时间（ICT）和等容舒张间期（IRT）与心室射血时间间期（ET）的比值。Tei 值不易受到心率、心脏前、后负荷的影响。同时，该指数综合考虑到心室的收缩和舒张功能，能够比较全面地反映心脏的整体功能，可以作为评价正常或是异常心功能的较好指标。

2)Tei 指数变化的百分率与运动员的心功能指标心输出量、每搏功的变化存在高度负性相关。Tei 指数与心功能的增强呈负性相关，与心功能的减弱成正性相关。

3）运动员经过运动训练，在左心室收缩功能方面，心肌细胞胞浆 Ca^{2+}的转运能力加强，Ca^{2+}浓度升高时相缩短，血流动力学功能得到改善，发挥正性调节心脏收缩功能作用。在左心室舒张功能方面，运动员心肌供氧、供血增加，冠状动脉储备能力进一步增强，心肌供给能量进一步增多，室壁的顺应性相应增加，等容舒张期缩短，Tei 减少。

【临床意义】

1）Tei 指数在成人中随年龄变化的幅度较小，从出生到 3 岁之间有所下降，但 3 岁后至成人阶段保持相对稳定。它测量方法简便，重复性强，且不受心率、心室几何形态、心室收缩压和舒张压的影响。

2）临床上 Tei 指数通常用来评价心脏的整体功能。这是由于通常情况下，心血管疾病患者的心脏收缩和舒张功能异常同时存在，Tei 指数上升。

3）高血压患者，心脏的后负荷增加，心脏泵血受阻压力大，Tei 指数在高血压病早期上升，是因为左室舒张功能下降导致的等容舒张间期（IRT）延长。

Tei 指数能够敏感地监测到高血压患者左心整体功能的早期变化情况；尤其在左室构型改变时更能够反映左心功能的损害情况。

4）在病理情况下，心脏收缩功能减弱时，心室等容收缩时间（ICT）发生延长而缩短；舒张功能减弱时，室内压力下降较慢，等容舒张间期（IRT）发现延长而心室射血时间（ET）缩短，总的来说，等容收缩期压力的上升及等容舒张期压力的下降趋于不协调，导致 ICT 和 IRT 延长，ET 缩短。这两种情况均能够导致 Tei 指数的上升。

第八节 右心室 Tei 指数（Tei）

【参考值】

3～18 岁者：右室 Tei 指数为 0.32±0.03

成人：右室 Tei 指数为 0.29±0.06

【运动医学意义】

1）普通人运动过程中，对通气和换气功能要求较高，且需要屏气，导致肺循环阻力增大和肺动脉压增高，室壁应力增大，右心室的后负荷明显增加；同时，用力呼吸时胸内负压进一步加大，胸腔内负压增大后，右房压下降和静脉回流增加，右心前负荷加重。右心充盈不足，右心排血阻力加大，右心功能也可能会相应发生改变，Tei 指数升高。

2）高水平运动员右心室对后负荷增高耐受性高，对其产生积极的生理性适应，右心室的泵功能增强，克服了肺动脉压力升高引起右心室后负荷增加介导的负性作用。最终结果是右心室收缩功能增强，收缩期快速将血流泵出，等容收缩时间缩短，右室射血时间延长，Tei 指数降低。同时由于氧利用率提高，心室舒张功能相应增强，心肌运动幅度增大致使主动松弛性增强，右心室的顺应性和舒张功能一致。即舒张期顺应性增加致使容舒张时间缩短和右心室的舒张压下降迅速，舒张期心室充盈升高，而导致 Tei 指数降低。

【临床意义】

1）右心压力相对低、排出阻力相对低，故对压力负荷十分敏感，后负荷加重，心肌收缩力下降和搏血量下降致使右心功能减退。右心 Tei 指数增高的程度反映了右心室损伤的程度，Tei 指数越高则右心室功能损伤越严重。

2）右心功能不全患者，右心室收缩功能下降，等容收缩时间相应延长，射血时间缩短，舒张功能下降导致等容舒张时间发生延长，射血时间也缩短，结果是 Tei 指数上升。

3)风湿性心脏病患者在早期即可以表现出右心室舒张功能减退，即心肌的顺应性下降明显。右心室舒张受限，舒张早期的右室压力上升，IRT 延长，导致 Tei 指数增高。同时右心室收缩力减低，收缩期右室压上升较慢，ICT 延长 ET 缩短，Tei 指数增高。

4）心肌病患者的右心室 Tei 指数增加明显。

（高璨、马云编写、牟秀霞编审）

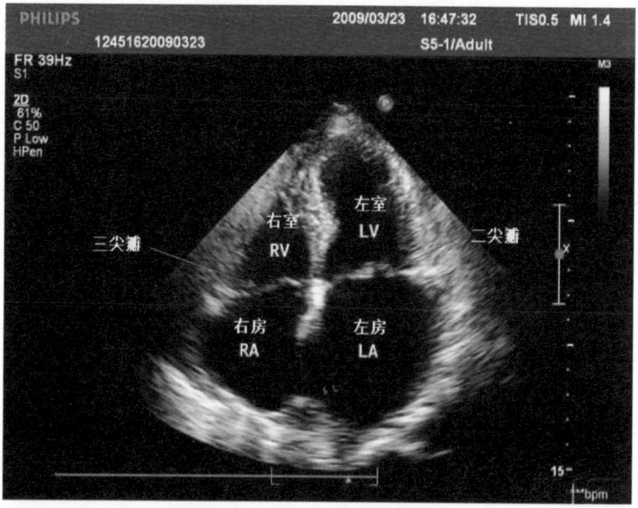

图 21 心尖正常四腔切面图

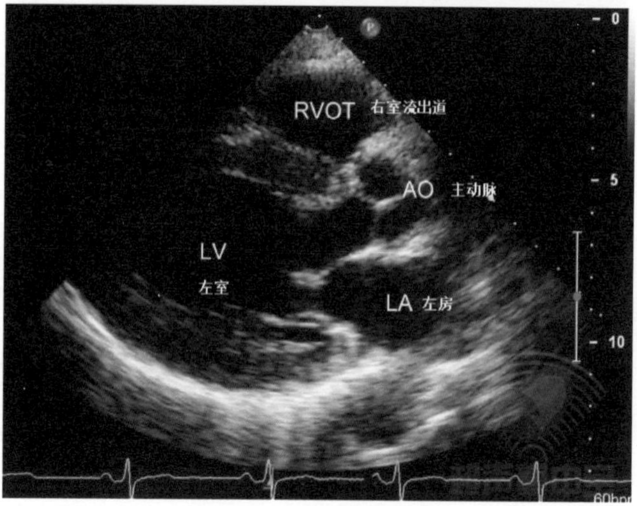

图 22 左室长轴切面图

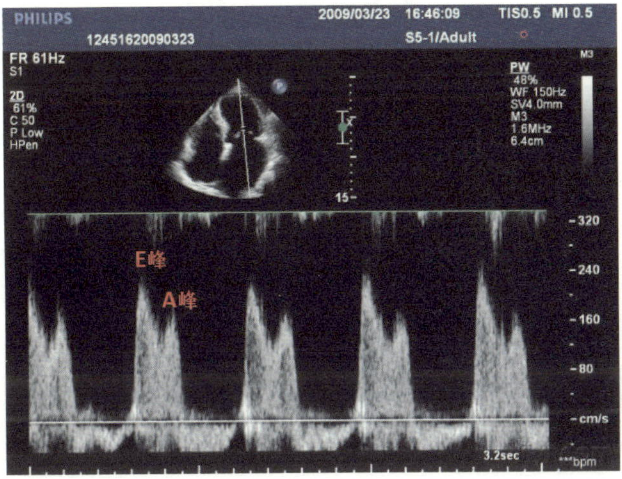

图 23 脉冲多普勒测量左心室流入波形

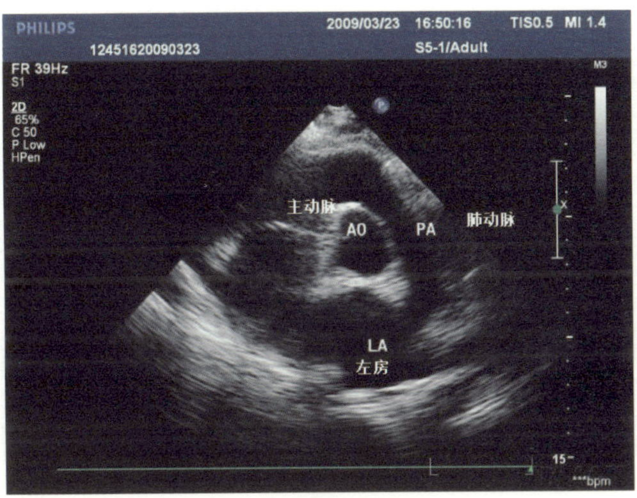

图 24 主动脉根部短轴切面图

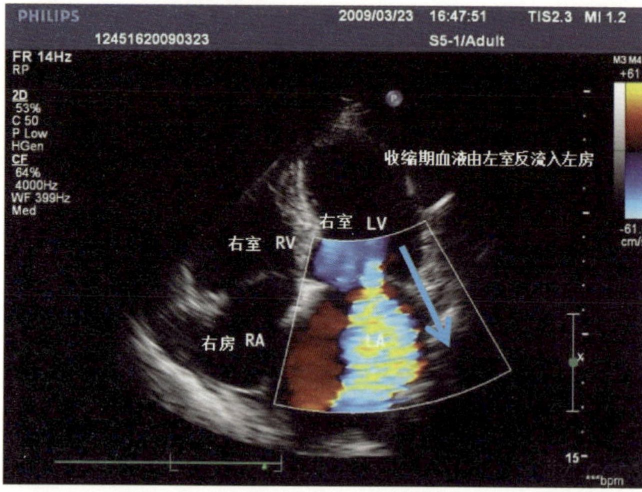

图 25　二尖瓣反流图

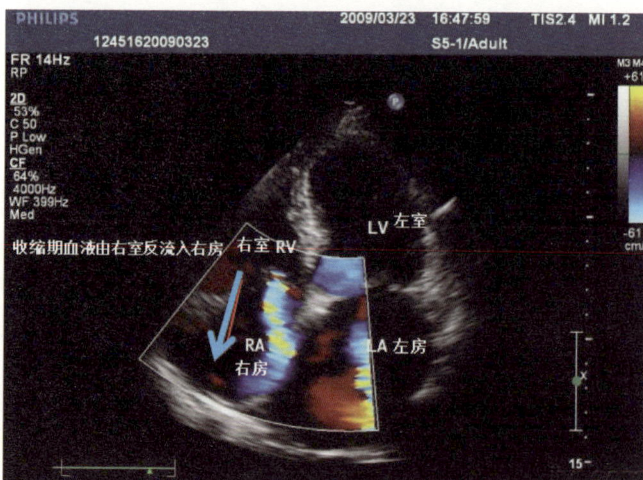

图 26　三尖瓣反流图

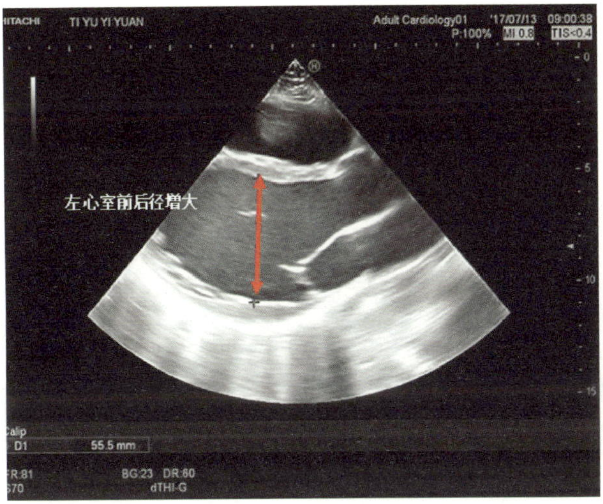

耐力项目运动员更容易出现左室前后径增大，需要与扩张型心肌病鉴别。

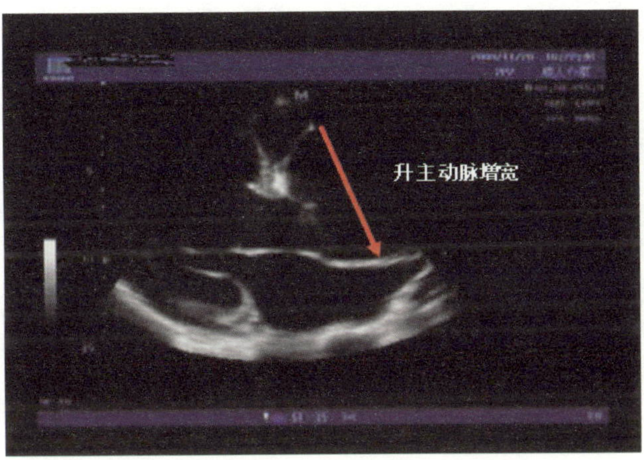

马凡氏综合征表现为升主动脉进行性增宽，历年运动员体检中超声怀疑马凡氏综合征的运动员共3例。

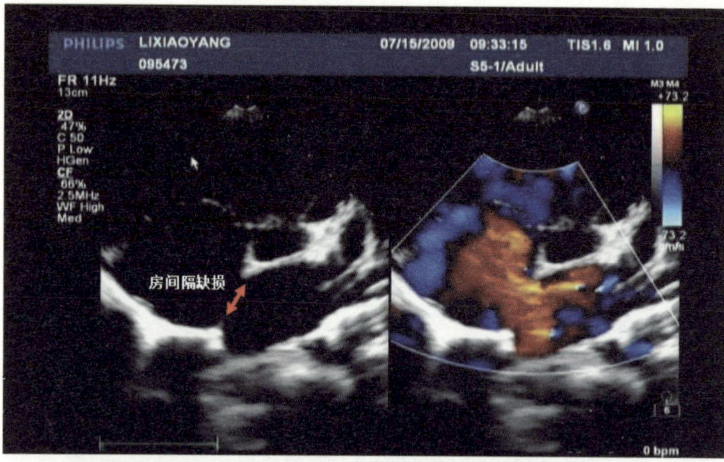

体检中共发现 3 名运动员存在不同程度的房间隔缺损

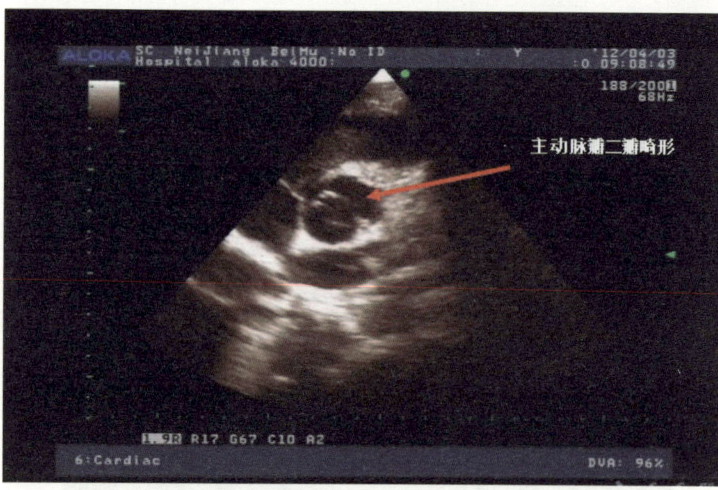

上图是主动脉瓣二瓣畸形（缺瓣）。主动脉瓣正常由三个瓣膜组成。体检中共发现 2 名运动员存在主动脉瓣二瓣畸形（缺瓣）。

第五章 运动员静态肺功能指标与意义

运动员静态肺功能测试内容包括用力肺活量，每分钟最大通气量，弥散残气量，气道激发试验等。主要以肺通气功能检查为主。

肺通气功能是单位时间随呼吸运动进出肺的气体容积，显示时间与容量的关系，并与呼吸幅度、用力大小有关，是一个较好的反映肺通气功能的动态指标。凡能影响呼吸频率、呼吸幅度和气体流速的生理、病理因素均可影响肺通气量。（见图 31）

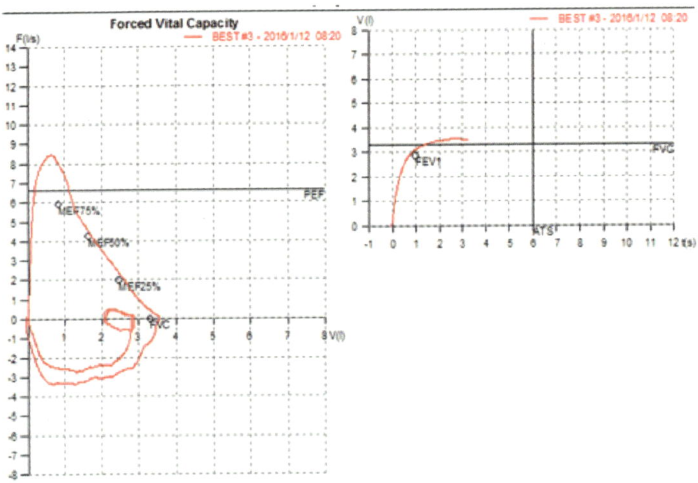

肺功能正常

图 31

第一节 运动员肺通气功能常用指标

一、用力肺活量（FVC）

用力肺活量（FVC）指深吸气至肺总量位，然后用力、快速呼气直至残气位所测得的肺活量。正常情况下 FVC 与肺活量（VC）一致，气道阻塞时 FVC＜VC。

【参考值】

男：3.179±0.117L。

女：2.314±0.048L。

通过对国家队 3164 名优秀运动员进行静态肺功能测试，描记流速容量环，获得 FVC。计算出我国优秀运动员的 FVC 为 4.25～4.54（见表 2.5.1）。

表 2.5.1 国家队优秀运动员 FVC 测试数据统计分析

	n	最小值	最大值	均值	标准差	95%置信区间
FVC	3164	1.38	9.42	4.39	1.29	4.25～4.54

【运动医学意义】

1）用力肺活量可以明确运动员是否存在通气功能障碍，该指标是评价限制性通气功能程度的较好指标，运动员通常不存在限制性通气功能障碍，但在上感、肺炎等发生时胸廓呼吸程度减少可能会出现下降表现。

2）不同项目运动员之间 FVC 存在差异，研究结果显示不同项群运动员组间的 FVC 具有显著性差异，其中在对抗类项目最高，表现类项目最低。此外，VC 具有极显著性差异，其中 VC 在对抗类项目最高，表现类项目最低。对抗类项目运动员训练过程中需要较高的血氧浓度，需要保持较高水平的心室充盈容积，经过心肺气血交换后使得外周血液循环能够携带更多的氧气，这些生理性刺激致使其 VC、FVC 增高（见表 2.5.2）。

表 2.5.2 不同项群之间肺通气功能比较

项群	速度力量类	耐力类	表现类	对抗类
VC（L）	4.02±0.97**	3.85±0.93**	2.89±0.97**	4.47±1.21**
FVC（L）	4.54±1.09*	4.10±0.98*	3.05±1.02*	4.79±1.22*
FEV1（L）	3.67±0.88	3.53±0.75	2.71±0.76	4.41±1.19

** $p<0.01$，* $p<0.05$ 各组间比较

【临床意义】

FVC 是测定呼吸道有无阻力的重要指标。阻塞性通气障碍病人，如慢性阻塞性肺病、支气管哮喘急性发作的病人，由于气道阻塞、呼气延长，其 FEV1.0 和 FEV1.0/FVC%均降低，但在可逆性气道阻塞中，如支气管哮喘，在应用支气管扩张剂后，其值亦可较前改善。限制性通气障碍时，如弥漫性肺间质疾病、胸廓畸形等病人可正常，甚至可达 100%，因为此时虽呼出气流不受限制，但肺弹性及胸廓顺应性降低，呼气运动迅速减弱停止，使肺活量的绝大部分在极短时间迅速呼出。

二、第一秒用力肺活量（FEV_1）

第一秒用力肺活量（FEV_1）指最大吸气至最大吸气位后 1 秒内的最快速呼气量。

【参考值】

男 3.18±0.12L；

女 2.31±0.05L。

通过对 3164 名国家队优秀运动员进行静态肺功能测试，描记流速容量环，获得 FEV_1。计算出我国优秀运动员的 FEV1 为 3.61～3.80，大于上述正常参考范围（见表 2.5.3）。

表 2.5.3 国家队优秀运动员静态肺功能数据统计分析

	n	最小值	最大值	均值	标准差	95%置信区间
FEV_1	3164	1.28	7.18	3.70	0.90	3.61～3.80

【临床意义】

FEV_1既是容量测定值，也是流量测定值，即 1 秒内的平均呼气流速测定，且其测定稳定性和可重复性较佳，是肺功能受损的主要和最常用指标。实际上 FEV_1是个综合性的指标，反应了气道黏性阻力和部分的周边顺应性，所以成为支气管反应性检查的主要观察指标。

三、一秒率（FEV_1/FVC%）

【参考值】

正常成人＞80%

通过对 3164 名国家队优秀运动员进行静态肺功能测试，描记流速容量环，获得 FEV_1/FVC。计算出我国优秀运动员的 FEV_1/FVC 为 83.95～85.77，在上述正常参考范围之内（见表 2.5.4）。

表 2.5.4 国家队优秀运动员静态肺功能数据统计分析

	n	最小值	最大值	均值	标准差	95%置信区间
FEV_1/FVC	3164	56.4	100	84.86	8.68	83.95～85.77

【运动医学意义】

1）不同运动项目运动员 $FEV_1/FVC\%$ 存在差异，研究结果显示不同项群组间的 $FEV_1/FVC\%$ 具有极显著性差异，在表现类项目最高，速度力量类最低。其机制可能与表现类项目运动员的肺功能在伐式动作这一应激状态下，表现出较强的代偿能力有关，根据技术动作表现类运动员需要反射性深吸气，此时胸内压升高，吸气和呼气肌肉受到牵拉刺激，即呼吸的原始动力增强，长期的运动训练导致其通气功能增强（见表 2.5.5）。

2）判断气道阻塞常以 $FEV_1/FVC\%$ 或 $FEV_1/VC\%$ 表示。当 $FEV_11/FVC\% < 80\%$ 为阻塞性通气功能障碍，提示运动员气道存在慢性炎症或持续性痉挛，建议训练中加强医学观察，结合症状诊断，并定期复查。如怀疑存在运动性哮喘，应进行气道可逆试验以确诊。

表 2.5.5 不同项群之间 FEV_1/FVC、MEF50%、MEF25%比较

项群	速度力量类	耐力类	表现类	对抗类
FEV_1/FVC（%）	81.84±12.16**	86.73±7.92**	90.36±8.27**	83.17±8.24**
MEF50%（%）	84.67±20.18	87.95±20.74	90.36±20.22	83.49±21.31
MEF25%（%）	83.17±26.15	89.56±32.74	99.24±35.06	86.64±31.85

** $p < 0.01$，* $p < 0.05$ 各组间比较

【临床意义】

正常者一秒用力呼出量＝用力肺活量。在有气道阻塞时，一秒用力呼出量＜用力肺活量，阻塞性通气障碍时一秒用力呼出量下降、呼出时间延长，限制性通气障碍时则呼出时间提前。用一秒用力呼出量和用力肺活量预计值比值可反映通气障碍的类型和程度。

四、每分钟最大通气量（MVV）

【参考值】

正常成人　男：104+2.71L ，

女：82.5+2.17L。

【运动医学意义】

1）摔跤、中长跑运动员的肺活量比普通健康人稍高，在游泳等运动项目中，游泳呼吸肌需要克服水对胸廓所施加的阻力而完成呼吸运动，因此这些项目的运动员力量增加，肺活量较大。

2）运动中未满足代谢需要，每分通气量有所增加，这一变化的产生是潮气量和呼吸频率共同作用的结果。随着运动强度的进一步增加，潮气量增加幅度减少，此时每分通气量的增加主要依靠呼吸频率。

【临床意义】

本项检查实质是通气储备能力试验。用以衡量胸廓肺组织弹性、气道阻力、呼吸肌力量。医学上多用实测值与理论预计值的比例来表示其大小。正常大于80%，低于60%为异常-通气储备能力降低。

五、用力呼气 50%肺活量（余 50%肺活量）的瞬间流速（FEF50%，V50）

用力呼气 75%肺活量（余 25%肺活量）的瞬间流速（FEF75%，V25）

【参考值】

正常成人：＞80%

通过对国家队优秀运动员进行静态肺功能测试，描记流速容量环，获得FEF75%、FEF50%。计算我国优秀运动员的FEF75%为86.75～90.75，FEF50%为84.68～89.44，均在上述正常范围之内（见表2.5.6）。

表2.5.6 国家队优秀运动员静态肺功能数据统计分析

	n	最小值	最大值	均值	标准差	95%置信区间
FEF75%	3164	44	143.3	88.75	17.88	86.75～90.75
FEF50%	3164	37.7	154.6	87.06	22.69	84.68～89.44

【运动医学意义】

小气道功能是反映气道慢性炎症及气道痉挛的早期敏感指标，该指标减弱对运动训练无明显影响，建议结合训练观察，定期复查。此外，运动性哮喘患者常表现出小气道功能减弱，应结合症状进一步做气道激发试验明确诊断。

【小气道功能减弱】

诊断小气道功能减弱最有诊断价值的指标是：用力呼气75%肺活量（余25%肺活量）的瞬间流速（FEF75%，V25）和用力呼气 50%肺活量(余 50%肺活量)的瞬间流速 (FEF50%，V50)这两个指标的任意一个其实测值比预计值小于 0.8(或 80%)即可诊断。(见图 32)

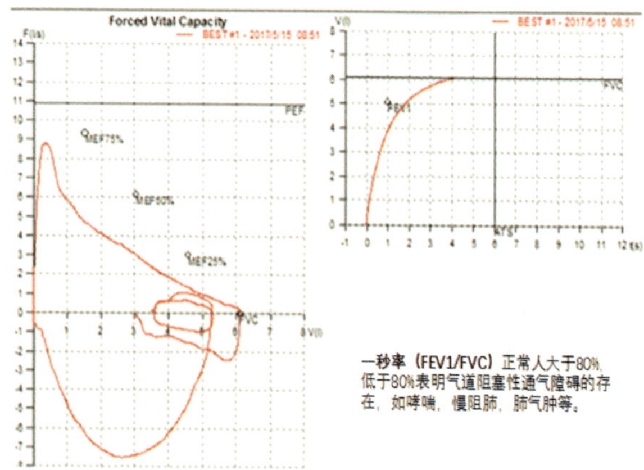

Forced Vital Capacity

Parameter	UM	Description	Pred.	TEST#1	%Pred.
Best FVC	l(btps)	Best Forced Vital Capacity	6.10	6.17	101
FVC	l(btps)	Forced Vital Capacity	6.10	6.11	100
FEV1	l(btps)	Forced Exp Volume in 1 sec	5.05	3.89	77
PEF	l/sec	Peak Expiratory Flow	10.88	8.78	81
PIF	l/sec	Peak Inspiratory Flow		2.45	
FEV1/FVC%	%	FEV1 as % of FVC	82.5	63.8	77
FEF25-75%	l/sec	Forced mid-expiratory flow	5.33	2.55	49
MEF75%	l/sec	Max Exp Flow @ 25% FVC	9.31	4.65	50
MEF50%	l/sec	Max Exp Flow @ 50% FVC	6.16	2.99	48
MEF25%	l/sec	Max Exp Flow @ 75% FVC	3.02	1.35	45
FET100%	sec	Forced Expiratory Time		4.0	
IC	l(btps)	Inspiratory Capacity		5.26	

FEV1/FVC%小于80%为阻塞性通气功能障碍

Diagnosis:
Obstructive abnormality: Mild

Printed 2017/8/4
PFT Suite 10.0e
Page 1 of 1

图 32

【临床意义】

FEF50%是反映呼气中期的流速指标。其与 MMEF 及 FEF75%

共同参与对小气道功能障碍的判断。这3个指标当中如有2个以上下降，反映有气道阻塞或小气道病变。FEF75％是反映呼气后期的流速指标。其临床评价与FEF50％、MMEF相似。

六、最大呼气中期流量（MMEF）

【参考值】

正常成人　男：3.5 l/sec

　　　　　女：2.8 l/sec

【临床意义】

又称用力呼气中期流量（FEF25％～75％）：指用力呼气25％～75％肺活量时的平均流速。低肺容量位的流量受小气道直径所影响，流量下降反映小气道的阻塞。FEV1、FEV1/FVC和气道阻力均正常者，其MMEF值却可低于正常，因此，可作为早期发现小气道疾患的敏感指标，其敏感性较FEV1为高，但变异性也较之为大。

七、气道阻力（Raw）

【参考值】

Raw＝P/V，平均值：0.147kPa/l/s或1.5cmH_2O/l/s。

范围为：0.0196～0.196kPa/1/s 或 0.2～2cmH_2O/1/s。

【运动医学意义】

气道阻力的测试是通气功能的辅助检查手段，可以明确阻塞性通气功能障碍时，阻塞的部位是在外周或是在中央，通过不同波段的频率来定位阻塞的部位，明确病因，以采取不同的诊疗方案。

【临床意义】

1）为维持一定呼吸气体流量所需的驱动压与该流量的比值。气道阻力增加提示有气道阻塞或狭窄，其敏感性远较 FEV1 为高，支气管哮喘发作时气道阻力增加可达 2～4 倍。

2）支气管激发试验的评价，常以 Raw 增加 > 35% 为试验阳性的标准，判断为气道反应性增高。

支气管舒张试验的评价则以 Raw 减少 > 35% 为试验阳性的标准，判断气道可逆性的改变。

八、无效腔气量 / 潮气量比值（VD/VT）

【参考值】

正常成人：0.3～0.4。

【运动医学意义】

呼吸频率和潮气量对运动的反应与运动的形式有关。相同的运动强度下，进行功率自行车运动会使潮气量的变化幅度较大，跑台运动则会使呼吸频率升高幅度较大，而潮气量升高幅度减小。

【临床意义】

1）无效腔气量 / 潮气量比值比值增加：

2）表示有效通气量下降。

第二节 运动员肺弥散功能常用指标

一、残气量 / 肺总量比值（RV/TLC）

【参考值】

正常成人　男：0.307

　　　　　女：0.29

【临床意义】

增加：肺气肿，小气道在过闭合等。残气量及肺总量明显增加，提示慢性阻塞性通气障碍，如肺气肿、肺心病等。残气量/肺总量比值与年龄有关，随年龄而增加，老年人可达0.50。

二、气体分布

【参考值】

一次呼气（氮稀释）法 <0.015；

重复呼吸（氮清洗）法 <0.025。

【临床意义】

由于气体分布异常可在无阻塞性或限制性通气障碍时出现，故是较敏感的通气功能测量指标。

三、肺弥散量测定 （DL）

【参考值】

25～37MLCO/毫米汞柱/分

【运动医学意义】

运动时，肺换气功能会发生一系列的变化。随着运动的进行，氧气的扩散和交换使流经肺部血液的氧气分压降低。组织扩散率增加，毛细血管开放数量增加，增加组织血流量和气体交换面积。

【临床意义】

弥散功能减退多见于：

1）肺间质疾病，如肺纤维化、矽肺、石棉肺、因呼吸膜增厚而造成，肺泡毛细血管阻滞、气体弥散受阻。

2）肺气肿、肺炎，血气胸等因弥散面积减少，弥散量也降低。

第三节 运动员支气管激发试验

支气管激发试验系用某种刺激，使支气管平滑肌收缩，再用肺功能做指标，判定支气管狭窄的程度，从而用于测定气道高反应性（AHR）。其临床应用主要为协助哮喘诊断、作为哮喘治疗的参考指标、研究哮喘等疾病的发病机制等。根据激发剂的不同，常用的可分为药物试验、运动试验、蒸馏水或高渗盐水激发试验、特异性支气管激发试验等。运动员常采用运动激发试验诊断运动中出现的气道高反应性或运动性哮喘。运动激发试验根据运动前后呼吸功能的变化，诱发支气管哮喘，常在运动后 2 分-15 分出现阳性反应。（见图 33）

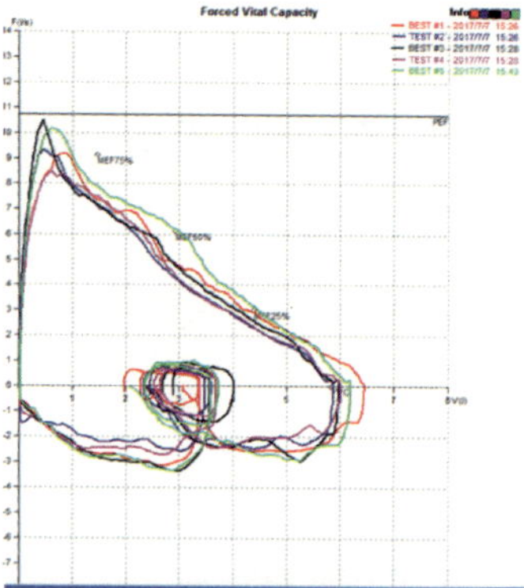

运动激发试验

试验结果

项目	运动前	运动后1min	用药后30min
FEV1	2.71	2.18	2.59
FEV1%	81.4	65.4	77.7

FEV1　下降率：　19.5%　　　用药后FEV1　改善率：　15.8%

*下降率〉10%为激发试验阳性

图 33

【运动医学意义】

1）运动性哮喘（Exercise- indused asthma，EIA）和运动性气道痉挛（Exercise-induced bronchoconstriction，EIB）是指剧烈运动引起的、瞬间的气道阻力增加。由运动诱发的哮喘和气道痉挛在优秀运动员群体中的发生比例不低。

2）EIA/EIB 主要表现为反复发作的，与运动有关（即在持续 5～10 分钟以上的剧烈运动后，或是运动停止后 5～10 分钟内出现，也可在运动过程中出现）的胸闷、喘息，咳嗽，呼吸困难；还可有精神紧张、胃部不适、咽痛等。症状持续 0.5～1

小时左右可逐渐缓解，严重者可持续 2～3 小时，吸入沙丁胺醇等 β_2-受体激动剂治疗有效。支气管扩张和/或支气管激发试验阳性有助于 EIA/EIB 的诊断。

3）EIA/EIB 的发生比率在从事不同运动项目的运动员中存在很大差异。从事耐力项目如马拉松、铁人三项、公路自行车及游泳的运动员 EIA/EIB 的发生病率较高，在参加冬季奥运会的运动员中也表现出同样的趋势。

4）在运动激发试验阳性的运动员中仅 61%有呼吸系统症状的主诉，而在运动激发试验结果是阴性的运动员中，却有 45%报告有胸闷、气短等症状。呼吸系统症状对于优秀运动员 EIA/EIB 的阳性预测价值仅 60～70%。因此运动激发试验可以作为运动性哮喘的筛查试验。

【临床意义】

气道反应性是指气道对于各种物理、化学、药物或生物等刺激所产生的超乎平常的收缩反应，其量化标准之一为激发前后 FEV_1、PEF 下降超过 20％。哮喘是气道的慢性炎症及气道反应性增高。气道高反应性是哮喘最典型的病理生理特征之一，气道激发试验是检验气道高反应性的重要手段。支气管激发试验可作为排除或确定哮喘诊断的常用方法之一。

（梁辰 编写）

第六章 运动心肺功能指标与意义

第一节 运动心肺功能测试简介

迄今为止，心肺运动试验（cardiopulmonary exercise test，CPET）被认为是评估心肺运动耐力的最佳方式，是心血管疾病康复风险评估的重要手段，是心肺储备功能检测的“金标准”。CPET 临床上用于评定健康状态，评价运动耐力，疾病鉴别诊断，评定各种治疗干预措施（如经皮冠状动脉腔内血管成形术和 CBAG，药物和康复训练等）的作用，制定运动处方及外科手术危险性评估。

对运动员进行心肺功能测试主要目的是了解运动员心、肺、骨骼肌系统对运动的适应，排除潜在疾病，评价有氧耐力和疲劳程度，为运动训练提供客观依据。

第二节 运动心肺功能测试前的准备

①检查前应备齐各种急救药品和器械，注射器和静脉穿刺针、氧气、除颤器、毛巾、气管插管设备等。

②脱去上衣，处理好皮肤，在电极安放部位，胸毛多者剃

除，用细纱片轻轻擦去电极安放部位的皮肤角质层，用酒精再次擦去油脂至皮肤微红为止。

③安放优质电极可使运动中的干扰降至最低点。电极安放位置要准确。注意两上肢电极距离尽可能远一些，右下肢电极尽可能下移一点，胸壁 V1～V6 导联电极位置与常规心电图检查一致。（见图 34）

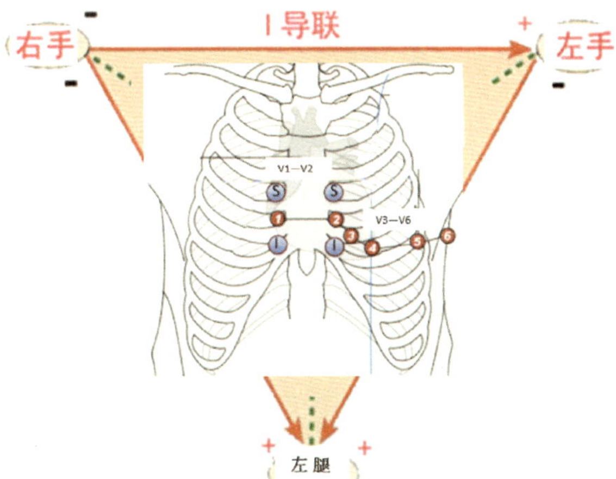

图 34 心电图电极位置示意

在进行运动心肺试验前先明确绝对禁忌证和相对禁忌证。

绝对禁忌证如下：

（1）急性心肌梗死（2 天内）。

（2）未控制的不稳定型心绞痛。

（3）未控制的心律失常，引发血流动力学不稳定。

（4）急性心内膜炎。

（5）有症状的严重主动脉缩窄。

（6）失代偿的心力衰竭。

（7）急性肺栓塞、肺梗死或深静脉血栓形成。

（8）急性心肌炎或心包炎。

（9）急性主动脉夹层。

（10）残疾人有安全隐患或不能全力完成运动试验。

相对禁忌证如下：

（1）已知左冠状动脉主干狭窄。

（2）中至重度主动脉狭窄，与症状有不确定关系。

（3）心室率未控制的心动过速。

（4）获得性高度或完全性房室传导阻滞。

（5）严重的梗阻性肥厚型心肌病（静息流出道压差大）。

（6）近期卒中或短暂脑缺血发作。

（7）难以合作者。

（8）静息血压＞200/110mmHg。

（9）尚未纠正的临床问题，如严重贫血、电解质紊乱和甲状腺功能亢进。

第三节 运动心肺功能测试方法

要求受试者更换轻薄衣衫，为受试者连接心电导联、血氧饱和度探头、血压袖带和测试面罩并连接流速传感器和气体采样管。

（1）血压：采用标准袖带（12～13cm 宽，35cm 长），上臂置于心脏水平，将袖带紧贴缚在受试者上臂，下缘与应距肘弯 2.5cm。

（2）心电导联：12 导联心电图电极位置如下图所示。ST 段压低的标准：运动中或者运动后心电图以 R 波为主的导联，J 点后 80ms 处 ST 段水平压低或者下斜型压低≥1mm，时间持续 1 分；或者在静息心电图压低的基础上继续压低≥1mm。

指导受试者根据实验步骤保持静息状态或配合设备进行运动，实时监测受试者相关参数及体征有无异常，并适时终止试验以确保受试者安全。

测试中运动强度设定

CPET 根据其特点分成许多种类，如使用的设备（运动平板、踏车），功率大小（极量、亚极量和低水平等），运动终点

（症状限制性、靶心率等），运动的部位（上肢、下肢等）。

一般采用踏车或运动平板形式。运动平板与踏车的峰值氧耗量（peak oxygen uptake，peak VO_2，）有所差异，踏车的 peak VO_2 平均低于运动平板的 peak VO_2 的 10%～20%。但是由于踏车具有安全、方便的特点，CPET 选用踏车的比例更高。

踏车的运动试验方案多采用斜坡式递增方案（Ramp 方案），通常从无负荷开始，随后每 2～3 分钟增加 25～50W 至运动峰值。

运动平板多采用分级递增运动方案，常用的有 Bruce 方案和改良 Bruce 方案。Bruce 方案为变速变斜率运动，是目前最常用的方案。其一级能耗为 5METS，相当于 1.7ml/（kg・分）氧耗。2 级相当于 7～8METS，3 级相当于 10METS，4 级相当于 14METS。Bruce 方案氧耗量值及做功递增量较大，多数运动 3～4 级即达到目标心率。对心功能较差者建议选择改良的 Bruce 方案。

当熟练掌握运动平板试验后，运动平板的方案可以根据受试者的初步测试个体化调整，总目标是使受试者既能在测试中有足够的运动强度作为心血管系统的负荷，又能使其不至于运动时间过长而骨骼肌疲劳（并没有到足够的负荷），因此整个测试的时间应控制在 8～12 分钟左右，运动能力较差者控制在 6～

8 分钟内。根据受试者的运动时间和估计的最大运动强度来设计平板的逐渐递增负荷。

终止指标

负荷增加时，SBP 下降 > 10 mmHg，不伴随其他缺血表现；

ST 段下降 > 1 mm，并持续 1 分；

出现严重的心律失常，如多源性期前收缩、室性心动过速、房室传导阻滞、窦房阻滞；

渐进性神经系统症状（如共济失调、晕眩、类似晕厥状态）；

劳累、气促、哮喘、下肢痉挛、跛行；

低灌注表现（发绀或苍白）；

由于技术上的困难无法监测心电图；

出现血压过高的反应（SBP≥220 mmHg 和/或 DBP≥110 mmHg）；

达到运动极量或疲劳无法继续运动试验。

第四节 运动员心肺功能测试结果评价

【各项指标参考值】

摄氧量：

最大摄氧量（VO_2max） > 84% 预计值；无氧阈（AT） >

40% VO_2max pred

心血管反应：

氧脉搏（O_2 pluse）> 80% pred；HR response < 50 bpm

通气反应：

RR < 55%；Vt/VC < 55%

气体交换：

VE/VCO_2@AT < 34%；VE/VO_2@AT < 30%；PaO_2 > 80 mmHg；SaO_2 < 4%

1．峰值氧耗量（peak oxygen uptake，peak VO2 or maximal oxygen uptake，VO_2max）：VO_2max 是指人体在极量运动时最大耗氧能力，它也代表人体供氧能力的极限水平，即当功率增加，VO_2 不增加形成的平台。VO_2max 须满足下列 1 个或多个条件。（见图 2.6.1.）

随着运动负荷进一步增加，而 VO_2 和心率不再增加。

（1）峰值呼吸交换率（peak respiratory exchange ratio，peak RER）。即 VCO_2/VO_2）> 1.10。

（2）运动后血乳酸浓度≥8mmol/L。

（3）自感劳累指数（rating of perceived exertion，RPE）≥18[自觉疲劳量表（Borg 20 级表）]，或≥8（Borg 10 级表）。

（4）患者感到极度疲乏。

实际测试中，有的受试者不能维持功率继续增加而达到最大运动状态，没有平台出现，这种情况被称为 peak VO_2，通常以 peak VO_2 代替 VO_2max。peak VO_2 的单位为 ml/（kg·分）。图 2.6.1 所示为 peak VO_2 和 VO_2max 的区别。peak VO_2=峰值运动时每搏输出量×心率×动静脉氧差=峰值运动时每搏输出量×动静脉氧差。

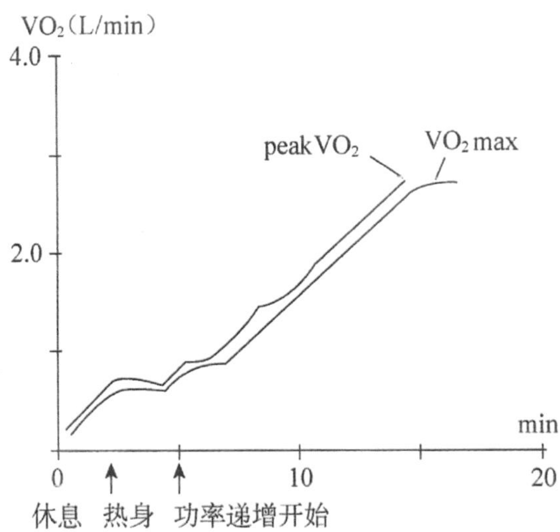

图 2.6.1 peakVO_2 与 VO_2max 的区别

peak VO_2 随年龄、性别、体质量、活动水平及运动类型的不同而变化。凡是影响血液系统中氧携带能力（血红蛋白、氧分压等），心功能循环状态（心率、每搏输出量等），组织摄氧能力（线粒体密度及功能、组织血液灌注等）均可导致 peak VO_2 下降，低于预测值的 84%被认为是 peak VO_2 降低。

2．无氧阈（anaerobic threshold，AT）：AT 是指机体随着运动负荷的增加，有氧代谢不能满足全身组织的能量需求，组织必须通过无氧代谢提供更多能量，这时血乳酸开始升高、血 pH 开始下降，此时的临界点称为 AT，也称为通气阈（ventilatory threshold，VT）、乳酸阈（lactate threshold），三者可互换。

AT 通常由 V slope 方法判定，图 2.6.2 直线转折点处表示 CO_2 排出量陡然增加，此点即为 1stAT，也是 VCO_2/VO_2 从小于 1 到大于 1 的临界点。

AT 正常值大于 40% peak VO_2，一般相当于 50%～65% peak VO_2，60%～70% peak 心率（HR）。强度相当于轻中度与中高强度之间的亚极量运动强度。影响因素基本同 peak VO_2，此外，还受基因、长期有氧训练影响。（见图 2.6.2.）

3．峰值呼吸交换率（peak RER）：即 VCO_2/VO_2 的比值，当运动负荷逐渐增加，当 VCO_2 超过 VO_2 时，RER 增加，当 peak RER 大于 1.10 提示已达到最大运动量。peak RER 是判断运动用力程度最佳的无创指标。

4．二氧化通气当量斜率（VE/VCO_2 slope）：即每分通气量（VE）与二氧化碳排出量（VCO_2）的比值，VE/VCO_2 常根据运动中所有数据由线性回归计算得出，以斜率表示。VE/VCO_2 slope 代表肺通气与血流匹配，反映肺通气效率。VE/VCO_2 slope 对以下疾病判断严重程度和预后具有很大的作用，如心力衰竭、肥厚型心肌病（HCM）、肺动脉高压/继发性肺高压（PAH/secondary PH）、COPD 等。VE/VCO_2 slope 正常值是 20～30，VE/VCO_2 slope > 34 可作为心力衰竭患者高危的预测因子。

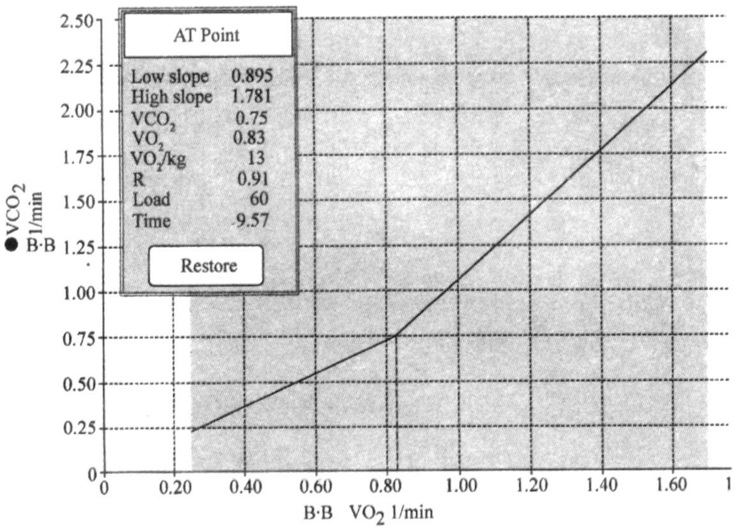

图 2.6.2 1stAT 或 1stVT

5．运动心率：由于心率易受 β 受体阻滞剂等因素的影响，因此最大心率（HRmax）不是运动用力程度的终极 目标，通常 VO_2 每增加 3.5ml/（kg·分），心率增加 10 次/分，当心率达到

85%最大预测心率时可考虑停止运动试验。HRmax 是指最大运动量时的心率。储备心率（HRR，HRR=HRmax-静息时心率）。1 分钟心率恢复（heart rate recovery at 1 分 ute，HRR at 1 分）指 HRmax 与运动后 1 分钟恢复时的心率差，正常值 > 12 次/分，反映副交感神经反应速度。

6．运动血压：反映心血管对运动反应情况，一般随运动量增加而增高，VO_2 每增加 3.5ml/（kg •分），血压增加 10 mmHg，若血压随运动量增加反而下降，往往预示有严重心功能障碍。

7．氧脉搏（Oxygen pulse）：氧脉搏由 VO_2 除以同时间的心率，是一次心脏搏动摄入肺血液的氧量，等于每搏输出量与动脉—混合静脉血氧含量差[C（a-v）O_2]的乘积，单位：ml/beat。可反映每搏输出量对运动的反应，对可疑心肌缺血患者具有诊断价值。

8．最大运动时每分通气量与静息状态最大通气量比值（peak VE/MVV）：尽管 MVV 可根据公式计算得到：MVV=一秒用力呼气容积（FEV1）×40，但还是可直接测得，peak VE/MVV 正常值：≤0.8，对于难以解释的活动后呼吸困难是否肺源性具有诊断价值。

9．呼气末二氧化碳分压（$PETCO_2$）：反映肺通气/血流匹配情况，有助于判定心力衰竭、肥厚型心肌病、肺动脉高压/

继发性肺动脉高压、COPD、间质性肺病的严重程度。静息状态 $PETCO_2$ 正常值为 36～42mmHg，运动达 AT 时 $PETCO_2$ 增加 3～8 mmHg，超过 AT 后 $PETCO_2$ 开始下降。

第五节 运动员心肺功能测试的意义

【运动医学意义】

运动时，机体的代谢需求增加，要求肺的潮气量和呼吸频率增加，以便吸入更多的氧气，排出更多的二氧化碳；同时，心脏的每搏输出量和心率增加，以输送更多的 O_2 和 CO_2。因此，运动调动了心肺的贮备功能。除了心脏和肺的功能加强外，其他如血管扩张、血流加快等均是运动的反应。所有这些反应的目的就是增加供 O_2 和排除 CO_2。任何一个环节（肺一心脏一肺循环和体循环一肌肉）的异常，均会造成供 O_2 和/或排除 CO_2 出现异常。

对运动员进行心肺功能评估，可以辅助诊断呼吸循环系统疾病，鉴别器质性疾病与运动性改变，最常应用于运动员心肌炎、心肌病、马凡氏综合征、各种心律失常、运动性哮喘。对运动中和恢复期心率、心电图的观察可以发现与运动负荷相关的心脏疲劳和心肌损伤；结合通气量，氧当量、二氧化碳当量、氧脉搏等指标还可以对运动中胸闷、气短进行心源性和肺源性的鉴别。在运动生理学中，运动心肺试验是了解运动员有氧耐力必不可少的检测手段，无氧阈、最大摄氧量是反映有氧耐力最重要的指标，同时在判断运动性疲劳，进行运动员选材中，运动心肺试验也起到关键性的作用。近几年，在运动康复和运动员停训后重返赛场方面，基于运动心肺试验的心肺功能训练也得到广泛应用。

【临床意义】

心肺运动试验是目前国际上普遍使用的衡量人体呼吸和循环机能水平的肺功能检查之一，它可用于功能性运动容量的评价、疾病的诊断及判断治疗。运动心肺功能测试是指综合评价运动状态下器官系统的整体功能，它是一种相对无创性、评价心肺储备功能和运动耐力的检测方法，综合应用呼吸气体监测技术、电子计算机和活动平板或踏车技术，实时检测在不同负荷条件下，机体氧耗量和二氧化碳排出量的动态变化，从而客观、定量地评价心肺储备功能、运动耐力。

（梁辰、张建红编写、逯勇编审）

第七章 运动员血常规指标与意义

血常规是最一般，最基本的血液检验。血常规检查三种不同功能的细胞——红细胞、白细胞、血小板。通过观察数量变化及形态分布，判断疾病。运动员血常规检查是了解运动员机能状态、疲劳程度、营养状况、免疫功能及诊断疾病最常用的辅助检查之一。

第一节 白细胞及血小板相关指标

一、白细胞计数（WBC）

白细胞是血液中无色有核的细胞，体积比红细胞大。正常外周血中常见白细胞有中性粒细胞、嗜酸性粒细胞、嗜碱性粒细胞、淋巴细胞和单核细胞等五种，各种白细胞的功能不同，主要是通过吞噬和免疫功能防御感染。它能保护机体免受病原微生物的侵害，是机体防御和保护机能的重要组成部分。

【参考值】

成人：4～10×10^9/L

儿童：5～12×10^9/L

运动员：4～11×10^9/L

【运动医学意义】

白细胞增高见于：

1）生理性增高：下午较上午偏高，餐后会适当增高；在不同生理状态下，白细胞数目波动范围较大，如运动、寒冷、失血、剧痛、女子月经期和排卵期等，白细胞数均会一过性增高。

2）白细胞增加最大幅度出现在运动后即刻，运动负荷越大，白细胞增加越多，其增多的主要成分为淋巴细胞；但随着运动天数的增加白细胞动态下降。

3）大运动训练期间白细胞动态性降低，在此过程中如果出现白细胞突然升高要警惕炎症或感染出现。

白细胞减低见于：

1)免疫机能低下，白细胞减少的运动员出现易感性增加、感冒次数增多、体能明显下降等现象。此现象一般长时间不能恢复，且复发率很高，影响训练和比赛。

2)过度训练，运动性疲劳。长期大强度训练，机体不能恢复，造成运动性疲劳，白细胞数量减少，导致机体免疫力下降。

在运动实践中，要重视对 WBC 的检测和对易感运动员的长期监控，并积极采取营养等措施预防 WBC 的下降。

【临床意义】

白细胞数增多见于：

1）生理性增高：如体力劳动、冷热水浴后、酷热和严寒、紫外线照射、妊娠期（特别是妊娠 20 周后）、产后、吸烟者、情绪激动、刺激、儿童剧烈哭闹等因素都可导致白细胞数量增高。

2）急性细菌性感染白细胞会迅速升高，而且和感染程度呈正比。

3）各种组织损伤、外伤、手术后、急性失血、中毒、恶性肿瘤、急性中毒等白细胞也会有明显升高。

4）造血系统的恶性肿瘤，各种类型白血病。

白细胞数减少见于：

长期接触放射线、各种理化因素导致的中毒、肿瘤的化疗和放疗后。

脾功能亢进、自身免疫病。

血液系统疾病：再生障碍性贫血、造血功能障碍等都会导致白细胞特别是中性粒细胞减少。

1）少数感染和药物副作用，如流行性感冒、麻疹、伤寒、疟疾、布氏杆菌病等。

2）药物过敏：应用磺胺制剂、解热镇痛剂、抗甲状腺药，均可引起白细胞减少。

二、白细胞分类计数（DC）

1.中性粒细胞（NE）

【参考值】

正常成人：2～8×10^9 / L

【运动医学意义】

中性粒细胞增多见于：

1）急性短时运动或高强度间歇性比赛。

2）运动的性质决定中性粒细胞数恢复时间。曾经有研究显示短时间运动后中性粒细胞恢复正常需要 1 小时；足球比赛后中性粒细胞仍然会继续上升，约 3～4 小时，外周血中白细胞才逐步恢复到运动前水平；马拉松运动后要在第 2 天，大约 24 小时后才恢复正常。

中性粒细胞降低见于：

1）中性粒细胞降低与运动量有关，中性粒细胞功能在静息或运动后的运动员比非运动员有所减弱。

2）中性粒细胞降低与运动强度有关，大强度运动比中等强度运动中性粒细胞的功能要弱。运动员在强化性训练后的安静状态和运动后，中性粒细胞噬菌作用的活性比中等强度训练后的要低。

【临床意义】

中性粒细胞增多见于：

1）急性感染或化脓性炎症：包括局部感染（如中耳炎、脓肿、疖痈、扁桃体炎、阑尾炎等）；全身性感染（如肺炎、丹毒、败血症、猩红热、白喉、急性风湿热等）。

2）中毒：如尿毒症、糖尿病、酸中毒、早期汞、铅中毒等。

3）急性出血、急性溶血和手术后。

4）恶性肿瘤、粒细胞白血病等。

5）心肌梗死和血管栓塞等。

中性粒细胞减少见于：

1）某些传染病：如伤寒、副伤寒、疟疾、布氏杆菌病，某些病毒感染如：

乙肝、麻疹、流行性感冒等。

2）化学药物中毒与放射线损伤，如 X 线或镭照射、抗癌药物、晚期砷或铅、汞、锑、苯中毒等。血液病，如再障、粒细胞减少症或缺乏症等。

3）过敏性休克，高度恶病质。

4）脾功能亢进和自身免疫性疾病。

2. 嗜酸性粒细胞（EO）

【参考值】

正常成人：$0.05 \sim 0.3 \times 10^{9}$ / L

【运动医学意义】

运动员有运动性哮喘、隐性哮喘、过敏性鼻炎、荨麻疹等接触过敏源或过敏性疾病可能会引起嗜酸性粒细胞升高。

【临床意义】

嗜酸性粒细胞增多：

1）过敏性疾病，如支气管哮喘、荨麻疹、食物过敏、热带嗜酸性粒细胞增多症、过敏性肺炎等。

2）皮肤病，如牛皮癣、湿疹、疱疹样皮炎、霉菌性皮肤病等。

3）寄生虫病，如钩虫病、肺吸虫病、包囊虫病、血吸虫病、丝虫病、绦虫病等。

4）血液病，如慢性粒细胞性白血病。

5）猩红热、溃疡性结肠炎、X 线照射后、脾切除术后、传染病恢复期等。

嗜酸性粒细胞减少：

多见于伤寒、副伤寒，应用肾上腺素或促肾上腺皮质激素等。

3. 淋巴细胞（LY）

【参考值】

正常成人：$1\sim5\times10^{9}/L$

【运动医学意义】

1）中小强度运动能引起淋巴细胞数目的增多，而大强度则可引起淋巴细胞数目下降。极限强度运动可使运动员体内免疫系统的机能产生暂时性的抑制，使淋巴细胞的数目及功能显著下降。

2）在极限运动后，辅助性 T 淋巴细胞（$CD^{+}4$ 细胞）数减少，而抑制性淋巴细胞（$CD^{+}8$ 细胞）数增加，导致二者比值显著降低。而强度越大，这种比值降低的幅度就越大，是机体免疫力下降的表现。

【临床意义】

淋巴细胞增多见于：

1）某些传染病，如百日咳、传染性单核细胞增多症、传染性淋巴细胞增多症、结核病、水痘、麻疹；流行性腮腺炎、传染性肝炎等。

2）许多传染病的恢复期和移植术后发生排斥反应时。

3）急、慢性淋巴细胞白血病。

淋巴细胞减少见于：

多见于传染病的急性期、放射病、细胞免疫缺陷病等。此外，各种中性粒细胞增多症时，淋巴细胞常相对减少。

4. 单核细胞（MO）

【参考值】

正常成人：0.1～1.0×10^9 / L

【运动医学意义】

适当的运动量和强度能使单核细胞增加，从而增强机体的免疫力和运动员体质。

2）运动中随着白细胞总数的减少淋巴细胞也会减少，但随着中性粒细胞的减少，淋巴细胞比例会上升。

【临床意义】

单核细胞增多见于：

吸烟约高 22%，月经周期的卵泡期偏高。某些细菌感染，如结核、伤寒、亚急性细菌性心内膜炎等。某些寄生虫病，如疟疾、黑热病等。单核细胞白血病、粒细胞缺乏症恢复期。

单核细胞减少见于：

妊娠约低 4%，高海拔约低 27%，常见于急、慢性淋巴细胞白血病和全骨髓功能不全。

三、血小板计数（PLT）

血小板计数是指计数单位容积血液中血小板的数量。

【参考值】

$100 \sim 300 \times 10^9/L$

【运动医学意义】

1）一次剧烈运动后即刻，血小板数量、血小板平均容积、血小板活性均增加。循环血中血小板聚集趋势也增加。其增加幅度与负荷强度呈高度正相关。

2）一次剧烈运动后即刻，血小板黏附率与聚集性增加，有利于运动中微血管损伤的修复和通透性的调节。

3）长期低中等强度的有氧运动可以抑制血小板黏附和聚集，发挥抗血栓形成作用。

【临床意义】

增多，常见于骨髓增生性疾病，如慢性粒细胞白血病，真性红细胞增多症，原发性血小板增多症等；血小板增多症常见于急慢性炎症，缺铁性贫血及癌症患者。

减少，常见于血小板生成障碍，如再生障碍性贫血，急性白血病，急性放射病等；也见于血小板破坏增多，如原发性血小板减少性紫癜，脾功能亢进，戈谢病等，消耗过度如弥漫性血管内凝血，家族性血小板减少如巨大血小板综合征等。

第二节 红细胞相关指标与意义

一、红细胞计数 （RBC）

红细胞是血液中数量最多的一种血细胞。红细胞在骨髓内生成，由红细胞系祖细胞在红细胞生成素（EPO）的作用下，分化发育而来，释入血液后的红细胞寿命120天左右，衰老的红细胞被单核吞噬系统消除，血红蛋白分解为铁、珠蛋白和胆红素。正常情况下，红细胞的生成和破坏处于动态平衡，因而血液中红细胞的数量及质量保持相对稳定。无论何种原因造成的红细胞生成与破坏的失常，都会引起红细胞在数量上或质量上的改变，从而导致疾病的发生。

正常红细胞为两面微凹的圆盘形，成熟红细胞无细胞核，主要成分是血红蛋白（30%～34%）和水（64%～70%），少量其余成分为蛋白质、磷脂、无机盐和酶。

红细胞的主要功能是通过血红蛋白向组织运输氧气，完成生命体的内呼吸的氧供应。此外红细胞还有免疫黏附作用，可增强吞噬性白细胞对微生物的吞噬作用，消除抗原抗体补体复合物的作用，防止复合物在易感区域形成可能有害的沉淀物。

红细胞计数有显微镜计数法、阻抗法、光电比色法等。

【参考值】

正常普通人：

男：4×10^{12}～5.5×10^{12} / L（400 万～550 万 / μL）

女：3.5×10^{12}～5×10^{12} / L（350 万～500 万 / μL）

新生儿：6×10^{12}～7×10^{12}/L（600 万～700 万/μL）

运动员：3.5×10^{12}～5.6×10^{12} / L（350 万～560 万 / μL）

共调查国家队 3164 名运动员，其红细胞计数统计情况见表（表 2.7.1.）

表 2.7.1. 男运动员红细胞调查结果

	n	最小值	最大值	均值	标准差	95%置信区间
红细胞（10^{12}/L）	1627	3.71	6.84	5.05	0.49	5.00～5.09

女运动员红细胞调查结果

	n	最小值	最大值	均值	标准差	95%置信区间
红细胞（10^{12}/L）	1537	3.25	6.76	4.76	0.49	4.71～4.81

【运动医学意义】

红细胞增多见于：

1）相对性增多，运动员大运动或高温条件下训练时因排汗过多，饮水不足等情况下，血浆量减少，血液浓缩，使血液中各种成分的浓度相对增高。

2）高原训练，根据进行高原训练的时间、频度以及营养补充情况红细胞计数有不同程度的增加。

3）世居高原的运动员血中红细胞水平高于平原人群。

4）继发性红细胞增多症，使用某些药物例如：利尿剂、促红细胞生成素以及大量饮酒等原因可导致红细胞增多。

红细胞减少见于：

1）造血物质摄入不足，多由营养不足或吸收不良引起。如运动性胃肠综合征、偏食厌食等，引起铁、叶酸等造血物质不足和蛋白质、铜、维生素C等营养物质的不足，都可致贫血。

2）造血物质丢失过多，最常见的是铁的丢失，如①尿失铁。正常状态下经尿丢铁为 0.1mg/d，男子可达 0.18mg/d；②汗液丢失铁；③女性运动员月经丢铁。

3）运动引起溶血和红细胞破坏增加。运动时由于肌肉的极度收缩、挤压或牵伸造成相应部位微细血管的溶血或红细胞破坏增多。长跑和马拉松运动易造成足部毛细血管内的溶血。

【临床意义】

红细胞增多：

1）相对性增多，见于连续性呕吐，反复腹泻，排汗过多，大面积烧伤等情况。

由于大量失水，血浆量减少，血液浓缩，使血液中各种成分的浓度相对增高。如果按全血总容量计算，它们并没有增加，这是一种暂时现象。

2）代偿性和继发性增多，常继发于慢性肺心病、肺气肿、高山病、法洛四联症和某些肿瘤（如肾癌、肾上腺肿瘤等）等患者。

3）真性红细胞增多症，为原因不明的慢性骨髓功能亢进，红细胞可达 $7\sim12\times10^{12}$ / L。

红细胞减少：

1）缺乏造血物质，多由营养不足或吸收不良引起。

2）骨髓造血功能低下，原发性或由药物、放射线等多种理化因素所致的再生障碍性贫血。白血病、癌症骨髓转移等，可抑制骨髓正常造血功能。

3）红细胞破坏增加，如先天性或后天获得性溶血性贫血。红细胞丢失过多，如急、慢性失血后贫血。继发性贫血，多种疾病如炎症、结缔组织病、内分泌疾病等。

其他影响红细胞计数结果的因素还有：

1）采血时间原则上应在早晨空腹采血，不宜在食后消化旺盛时或剧烈运动后，其他时间采血则无明显差异。

2）取血部位以取静脉血为最好，若不能应取指血，耳垂血所得结果偏高且波动大不宜采用。

3）由于吸管或技术上的缺陷使稀释倍数不准确；操作太慢致使部分血细胞凝集；计数板不精确；盖玻片不平整；计数池内被污染致使红细胞分布不匀；充液过多而溢出；计数池内有气泡、灰尘异物等原因均可影响结果的准确性。

二、血红蛋白（Hb）

血红蛋白是高等生物体内负责运载氧的一种蛋白质（缩写为 Hb 或 HGB）。是使血液呈红色的蛋白。血红蛋白由四条链组成，两条 α 链和两条 β 链，每一条链有一个包含一个铁原子的环状血红素。氧气结合在铁原子上，被血液运输。血红蛋白的特性是：在氧含量高的地方，容易与氧结合；在氧含量低的地方，又容易与氧分离。血红蛋白的这一特性，使红细胞具有运输氧的功能。

【参考值】

正常普通人

男：120～160g / L（12g%～16g%）

女：110～150g / L（11g%～15g%）

新生儿：170～200g/L（17g%～20g%）

运动员

男：130～160g / L（13g%～16g%）

女：120～150g / L（12g%～15g%）

共调查国家队 3160 名运动员，其血红蛋白统计情况见表：（表 2.7.2.）

（表 2.7.2.） 男运动员血红蛋白调查结果

	n	最小值	最大值	均值	标准差	95%置信区间
血红蛋白（g/L）	1623	140	178	149.08	14.67	149.01～150.52

女运动员血红蛋白调查结果

	n	最小值	最大值	均值	标准差	95%置信区间
血红蛋白（g/L）	1537	103	181	144.16	13.69	142.71～145.61

【运动医学意义】

1）运动性贫血，男运动员 Hb 低于 130g/L，女运动员低于 120g/L 时，可以初步诊断为运动性贫血。

2）速度耐力项目运动员要求高而稳定的血红蛋白值。

3）过高的血红蛋白值对机体及运动不利。少年男性高于 180g/L，女性高于 170g/L，即会出现血液黏稠，流速减慢，给心血管系统造成负担，严重时影响运动员健康。

【临床意义】

1）血红蛋白量减少是诊断贫血的最重要依据。

2）血红蛋白含量用于评价贫血类型和程度。

血红蛋白增减的临床评价基本上与红细胞增减意义相同，但血红蛋白能更好地反映贫血程度。而某些贫血，由于单个红细胞血红蛋白的含量不同，血红蛋白减少与红细胞减少程度不成平行关系。如缺铁性贫血时，血红蛋白量减少程度较红细胞数减少明显，巨幼细胞性贫血时，则红细胞数减少程度较血红蛋白量减少明显。

三、红细胞比容（Hct）

【参考值】

根据我们的调查

男性：44％～45％

女性：42％～43％

运动员：35％～47％

共调查国家队3164名运动员，其血红细胞比容统计情况见表：（表2.7.3.）

表2.7.3 男运动员红细胞比容调查结果

	n	最小值	最大值	均值	标准差	95%置信区间
红细胞比容	1627	0.09	0.55	0.44	0.05	0.44～0.45

女运动员红细胞比容调查结果

	n	最小值	最大值	均值	标准差	95%置信区间
红细胞比容	1537	0.299	0.539	0.43	0.04	0.42～0.43

【运动医学意义】

红细胞比容可以作为贫血诊断和分类。还可以作为是否需要补液的实验检查依据。男运动员不宜超过50％，女运动员不宜超过48％。

【临床意义】

红细胞比容降低

主要见于贫血，正常人血细胞与血浆容量基本上保持一定的比例，但由于贫血及其程度的不同，使之有相应的减少。

红细胞比容增高

1）见于各种原因导致的血液浓缩如大面积烧伤，连续多次的呕吐、腹泻、多汗、多尿等。

2）真性红细胞增多症。

四、网织红细胞计数（RC）

网织红细胞是晚幼红细胞脱核后直到完全成熟的红细胞之间的过渡型细胞，在骨髓中成熟需持续 4 天。成人在正常情况下，所有红细胞以网织红细胞形式从骨髓中释放。它们在外周血中完成最后成熟过程。网织红细胞计数是反映骨髓红细胞成长活性的简单和重要的指标。是血液学检查中不可缺少的一项化验。

【参考值】

成人：0.5%～1.5%（Benecher 法），平均为1%

新生儿：2%～6%，三个月后接近成人水平

网织红细胞百分数与红细胞绝对数乘积即绝对网织红细胞计数（正常范围：24 000～84000/ 立方毫米）。

【运动医学意义】

1)长时间耐力训练能够刺激运动员骨髓红系造血功能的增强，使骨髓生成大量新生网织红细胞。

2)运动性贫血的早期提示指标。由于网织红细胞是晚幼红细胞成为成熟红细胞之间的过渡型细胞，它的变化要早于血中成熟红细胞的变化，因此在长时间大运动量运动时，网织红细胞的增生活跃一方面提示运动员骨髓红系造血功能增强，而另一方面也要警惕血红蛋白的下降。

3)高原训练对运动员骨髓造血有一定的刺激作用，可引起网织红细胞增多，但这种作用需在下高原2～3周时表现出来。

4)长期居住于高原的运动员，在慢性缺氧情况下造血功能亢进，红细胞增多，网织红细胞也大量出现。

5)过度训练致疲劳后，血中网织红细胞数增多，提示有溶血征象。

6)运动项群影响因素：网织红细胞可以反映运动员造血机能的改变。在耐力性、速度力量性运动员高于其它项目。

【临床意义】

网织红细胞增多：

1)表示骨髓红细胞系统增生旺盛，可以用来判断骨髓红细胞造血情况。在缺铁性贫血和营养不良性贫血时，骨髓造血机能活跃，外周血中网织红细胞数目增加；失血性贫血时，外周血中网织红细胞数目也会增加。

2）网织红细胞数目的增加与红细胞成长活性增加有关。红细胞破坏过多的病人体内可见网织红细胞计数增加，可见于：①溶血性贫血：溶血时大量网织红细胞进入血液循环，网织红细胞可达 6%～8%，急性溶血时，可达约 20%，甚至 50%以上，绝对值超过 $100\times10^9/L$。②急性失血后，5～10d 网织红细胞达高峰，2 周后恢复正常。但在溶血危象时却不增反减。

3）观察贫血治疗疗效。网织红细胞也是抗贫血治疗疗效观察的一个重要指标，各种因营养素缺乏引起的贫血给予铁剂、叶酸、$VitB_{12}$后 2～3 日，网织红细胞有明显增多，这一变化远较血红蛋白含量增多来得更敏感，在 7～10 天达高峰，2 周左右逐渐下降。也可作为一种诊断性治疗的手段。

网织红细胞减少：

1）网织红细胞降低与红细胞成长降低和无效红细胞成长有关。见于再生障碍性贫血、溶血性贫血再障危象。

2）网织红细胞减少的原因为：①骨髓幼红细胞和造血细胞由脂肪细胞取代。②骨髓中正常造血由肿瘤细胞或成纤维细胞取代。③骨髓内幼红细胞的无效成长，由于成熟缺陷和幼红细胞在骨髓腔内死亡所致。

五、红细胞平均值

【参考值】

平均红细胞体积（MCV）：82～92（fl）
平均红细胞血红蛋白含量（MCH）：27～31（pg）
平均红细胞血红蛋白浓度（MCHC）：320～360（g / L）

【运动医学意义】

1）假性贫血：一些耐力项目的运动员训练后引起红细胞、血红蛋白与血容量的增加不成比例，导致了运动员的相对性贫血，又称稀释性贫血。此种情况红细胞各参数变化不明显。

2）运动性缺铁性贫血：红细胞平均体积（MCV）正常、血红蛋白的下降，同时血清铁蛋白 $< 40\mu g/L$，即为运动性缺铁性贫血。

【临床意义】

MCV、MCH 和 MCHC 三项指标，便于对贫血作形态学分类，并对其鉴别诊断有一定意义。

六、运动员红细胞相关指标调查结果及意义

对 3164 名运动员的体检指标进行了调查统计，其中男运动员 1627 名，女运动员 1537 名，平均年龄 22.27±4. 96 岁。这 1344 名队员分别来自 38 个单项，覆盖了耐力性，力量性，对抗性，表现性项目，分别代表了各个项目体能特点，能够代表我国国家队运动员的整体水平。

从调查结果可以得出：①对于红细胞系统有代表性的参数指标，无论男女运动员最小、最大值间差异较大，个体差异可能是由项目特点决定的。②运动员的参考指标范围比较集中，区间范围比普通人群为窄。③各参数指标均值范围均在医学参考范围内，这说明普通人群的参考范围可以评价运动员的健康水平，但不能评价运动员的机能水平，运动员毕竟不是普通人群，在维持基础生命代谢的基础上，还要承受比赛和训练的极限负荷。红细胞作为氧转运的物质基础对运动员的竞技能力有重要作用。为保持训练的效果和良好的体能状态，运动员需要达到一个理想的血红蛋白水平。

相对男运动员来说，女运动员红细胞系统指标更容易受项目特点的影响。对于体能主导的女运动员，在日常比赛训练中，应更加注重监控，及时补充营养，适时调整训练方案，以免造成运动性贫血，进而影响竞技能力的发挥。

（梁辰、张建红编）

第八章 运动员常用常用生化指标与意义

运动员器官功能评定是一个多指标、多层次、多因素的综合评定体系，目前运动员的多器官功能评定涉及心功能、肝功能、肾功能、内分泌、能量代谢、骨骼肌及组织损伤等多方面。在训练中经常应用运动员身体机能评定方法，通过运动医学和运动生物化学方面的指标来评价机体的状态：包括血乳酸、血红蛋白、血尿素、肌酸激酶、睾酮及皮质醇等相关指标。

第一节 运动相关指标

一、肌酸激酶（CK）

肌酸激酶（creatine kinase，CK）也称为肌酸磷酸激酶（creatine phospl-Iatase kinase，CPK）。CK 主要存在于胞质和线粒体中，以骨骼肌、心肌含量最多，其次是脑组织和平滑肌。肝脏、胰腺和红细胞中的 CK 含量极少。CK 水平受性别、年龄、种族、生理状态的影响。男性肌肉容量大，CK 活性高于女性；黑人 CK 约为白人的 1.5 倍。

【参考值】

酶偶联法(37℃)：男性 38～174u / L，女性 26～140 u / L[注]。

酶偶联法（30℃）：男性 15～105u / L，女性 10～80u / L。

肌酸显色法：男性 15～163u / L，3～135u / L。

连续监测法：男性 37～174u / L，女性 26～140u / L。

我们实际测量 1344 名运动员肌酸激酶，采用 SPSS 统计分析软件计算均数及标准差，认为肌酸激酶与运动员大运动量训练有关（见表 2.8.1）。

表 2.8.1 国家队优秀运动员肌酸激酶统计分析

	n	最小值	最大值	均值	标准差	95%置信区间	常规范围
肌酸激酶 U/L	1344	27	4078	292.58	335.50	267.39～317.76	24～170

【运动医学意义】

1）本指标在运动机能评价中是重要的指标之一。

2）血清 CK 活性的升高与运动时间和强度密切相关，是了解训练强度和运动性骨骼肌损伤的一个敏感指标。大运动量训练、高原训练以及不适应训练强度出现运动性疲劳、过度训练或某些运动性疾病等情况时会诱发心肌损伤、肌肉损伤，易造成酶活性变化紊乱，血清磷酸肌酸激酶活性明显升高，从肌肉中释放入血清增多。亚极量负荷下的血清 CK 活性极显著地高于安静状态时，极量负荷后又比亚极量负荷时极显著升高。

3)服用某些增加肌肉力量的药物或保健品时此酶可增加至正常值的数十倍。

4）此酶升高的幅度用药和大负荷训练时有所不同，一般大运动量训练后 2～3 天，血清 CK 仍高于正常值 3～5 倍表明负荷较大，身体尚未恢复；而服用某些增肌营养品时此酶可增高至正常 100～200 倍，停用该品后很快下降。

5）此酶升高时会带动其同工酶升高超出正常值，因此在评定心肌损伤时应排除骨骼肌或组织损伤造成血清酶升高的可能性。

6）运动项目不同运动员血肌酸激酶含量不同，我们通过对不同项群运动员的血肌酸激酶统计分析发现，运动员肌酸激酶以表现类最高（334.64±315.08），其次是速度力量类运动员（300.99±293.82），而耐力类最低（242.31±152.20），不同项群组间差异不具有显著性（见表 2.8.2）。

表 2.8.2 肌酸激酶项群间比较

	表现类	耐力类	速度力量类	对抗类
肌酸激酶 U/L	334.64±315.08	242.31±152.20	300.99±293.82	292.88±267.53

** $p < 0.01$，* $p < 0.05$ 各组间比较

【临床意义】

CK 增高见于：

1）各类进行性肌萎缩、皮肌炎、假性肥大性肌营养不良、脑血管意外、脑膜炎等此酶的活力可见升高。

2）心肌损伤及心肌梗死：急性心肌梗死（AMI）：AMI 时 CK 水平在发病 3～8h 即明显增高，其峰值在 10～36h，3～4 天恢复。

3）心肌炎和肌肉疾病：心肌炎时 CK 明显升高。各种肌肉疾病，如多发性肌炎、横纹肌溶解症、进行性肌营养不良、重症肌无力时 CK 明显增高。

4）溶栓治疗，心脏手术或非心脏手术后均可导致 CK 增高。

5)其他情况:新生儿出生时由于骨骼肌损伤和暂时性缺氧，可使 CK 升高。

二、肌酸激酶同工酶

CK 是由 2 个亚单位组成的二聚体，形成 3 个不同的亚型：①CK—MM，主要存在于骨骼肌和心肌中，CK—MM 在肌细胞中的主要存在形式。②CK—MB 主要存在于心肌中。③CK—BB 主要存在于脑、前列腺、肺、肠等组织中。正常人血清中以 CK—MM 为主，CK—MB 较少，CK—BB 含量极微。检测 CK 的不同亚型对鉴别 CK 增高的原因有重要价值。

【同工酶比例参考值】

CK—MM：占 94%～96%

CK—MB：占 < 5%。

CK—BB：极少或痕量

【参考值】

酶速率法（37℃） CK-MB：0～18U/L

CK-MM：0～18U/L

CK-BB：0U/L

我们实际测试 3164 名运动员肌酸激酶同工酶，采用 SPSS 统计分析软件计算均数及标准差统计结果如下图所示（见表 2.8.3）。

表 2.8.3 国家队优秀运动员肌酸激酶同工酶统计分析

	n	最小值	最大值	均值	标准差	95%置信区间	常规范围
肌酸激酶同工酶 U/L	3164	3	127	18.16	15.03	16.52-19.81	0-24

【临床意义】

CK—MB 增高见于：

1）CK—MB 对急性心梗早期诊断的灵敏度明显高于总 CK，其阳性检出率达 100%，且具有高度的特异性。其灵敏度为 17%～62%，特异性为 92%～100%。CK—MB 高峰时间与预后有一定关系，CK—MB 高峰出现早者较出现晚者预后好。

2）其他心肌损伤：心绞痛、心包炎、慢性心房颤动、安装起搏器等，CK—MB 也可增高。

3）肌肉疾病及手术：骨骼肌疾病时 CK-MB 也增高，但 CK-MB/CK 常小于 6%，以此可与心肌损伤鉴别。

CK-MM 增高见于：

1）急性心梗：CK-MM 亚型对诊断早期急性心梗较为灵敏。

2）其他：骨骼肌疾病、重症肌无力、肌萎缩、进行性肌营养不良、多发性肌炎等 CK-MM 均明显增高。

3）手术、创伤、惊厥和癫痫发作等也可使 CK-MM 增高。

CK-BB 增高见于：

1）神经系统疾病：脑梗死、急性颅脑损伤、脑出血、脑膜炎时，血清 CK-BB 增高，CK-BB 增高程度与损伤严重程度、范围和预后成正比。

2）肿瘤：恶性肿瘤病人血清 CK-BB 检出率为 25%～41%，若无脑组织损伤，应考虑为肿瘤，如肺、肠、胆囊、前列腺等部位的肿瘤。

三、乳酸脱氢酶（LDH）

乳酸脱氢酶（LDH）是一种糖酵解酶，广泛存在于机体的各种组织中，其中以心肌、骨骼肌和肾脏含量最丰富，其次为肝脏、脾脏、胰腺、肺脏和肿瘤组织，红细胞中含量也极为丰富。由于LD几乎存在于人体各组织中，所以对诊断具有较高的灵敏度，但特异性较差。

LD检测的适应证：

1）怀疑心肌梗死以及心肌梗死的监测

2）怀疑肺栓塞

3）鉴别黄疸类型

4）怀疑溶血性贫血

5）诊断器官损伤

【参考值】

（1）比色法：150～450U/L。

（2）连续监测法：男80～280U/L、女100～230U/L

我们实际测试3164名运动员乳酸脱氢酶，采用SPSS统计分析软件计算均数及标准差，统计结果如下（见表2.8.4）。

表 2. 8. 4 国家队优秀运动员乳酸脱氢酶统计分析

	n	最小值	最大值	均值	标准差	95%置信区间	常规范围
乳酸脱氢酶 U/L	3164	170	814	189.51	60.78	184.29～194.73	135～215

【运动医学意义】

乳酸脱氢酶是氧化还原、糖酵解及糖异生途径中的一个重要酶，广泛存在于肌体组织内。其活性可以评价运动员无氧代谢能力的高低，是无氧代谢的标志酶。

1)在评定运动机能是其意义与磷酸激酶大致相同。运动能提高血液中各种酶的活性，其中血清中乳酸脱氢酶的活性在运动后大幅提高。

2)在完成大负荷量运动后，参加运动训练的乳酸脱氢酶升高较未参加训练的少，高强度速度训练时，由于优先发展各种无氧代谢酶活性，乳酸脱氢酶升高。

3)亚极量负荷后血清乳酸脱氢酶活性明显升高，极量负荷后又极显著地高于定量负荷时。血清乳酸脱氢酶活性升高的机制有两个方面，其一，相关组织的乳酸脱氢酶活性升高，致使血清中乳酸脱氢酶活性升高；其二，剧烈运动时骨骼肌、心肌等组织的一过性损伤或组织坏死时，漏入血清中的乳酸脱氢酶增多，使血清乳酸脱氢酶活性升高。

4)运动项目不同运动员血乳酸脱氢酶含量不同，我们通过对不同项群运动员的血乳酸脱氢酶统计分析发现，运动员血乳酸脱氢酶以对抗类最高（196.87±68.42），其次是表现类运动员（182.40±42.39），而速度力量类最低（164.99±27.24）（见表 2.8.5）。

表 2.8.5 乳酸脱氢酶项群间比较

	表现类	耐力类	速度力量类	对抗类
乳酸脱氢酶 U/L	182.40±42.39	177.00±31.39*	164.99±27.24△	196.87±68.42*△

** $p < 0.01$，* $p < 0.05$ 各组间比较

【临床意义】

1)心脏疾病：AMI 时 LD 活性增高较 CK、CK—MB 增高晚（8～18h 开始增高），24～72h 达到峰值，持续 6～10d。病程中 LD 持续增高或再次增高。提示梗死面积扩大或再次出现梗死。

2）肝脏疾病：急性病毒性肝炎、肝硬化、阻塞性黄疸，以及心力衰竭和心包炎时的肝淤血、慢性活动性肝炎等 LD 增高。

3）恶性肿瘤：恶性淋巴瘤、肺癌、结肠癌、乳腺癌、胃癌、

宫颈癌等均明显增高。

4）其它：贫血、肺梗死、骨骼肌损伤、进行性肌营养不良、休克、肾脏病等均明显增高。

四、乳酸脱氢酶同工酶

【参考值】

LD1：（32．7±4．60）％；　LD2：（45．10 ± 3．53）％；

LD3：（18．50±2．96）％；　LD4：（2．90±0．89）％；

LD5：（0．85 ± 0．55）％；　LD1 / LD2： < 0．7。

【临床意义】

1）乳酸脱氢酶同工酶是观察心肌疾病、肝胆疾病等的指标之一。急性心梗发病后 12～24h 有 50％的病人，48h 有 80％的病人 LD1、LD2 明显增高，且 LD1 增高更明显，LD1/LD2 > 1。

2）肝脏疾病：肝脏实质性损伤，如病毒性肝炎、肝硬化、原发性肝癌时，LD5 升高，且 LD5 > LD4。

3）肿瘤：由于恶性肿瘤细胞坏死引起 LD 增高，且肿瘤生长速度与 LD 增高程度有一定关系。

4）其它：骨骼肌疾病血清 LD5 > LD4；恶性贫血 LD 极度增高，且 LD1 > LD2。

五、谷草转氨酶（AST/GOT）

谷草转氨酶又称天门冬氨酸氨基转移酶，英文缩写 AST 或 GOT，正常情况下，谷草转氨酶存在于组织细胞中，其中心肌细胞中含量最高，其次为肝脏，血清中含量极少。谷草转氨酶主要存在于肝细胞线粒体内，当肝脏发生严重坏死或破坏时，才能引起谷草转氨酶在血清中浓度偏高。是转氨酶中比较重要的一种。它是医学临床上肝功能检查的指标，用来判断肝脏是否受到损害。

谷草转氨酶偏高，肝炎患者转氨酶数值老是居高不下，反映肝细胞炎症始终未停止，肝细胞肿胀、坏死等病变持续存在。测定血清中此酶含量可用以协助诊断疾病和观察预后。

【参考值】

空腹 12 小时取静脉血，正常值是 4～40U/L（单位每升）。由于医院使用试剂的不同，以上正常值只供参考。

【临床意义】

谷草转氨酶主要存在于肝细胞线粒体内，当肝脏发生严重坏死或破坏时，才能引起谷草转氨酶的显著升高。临床检查中，谷丙转氨酶与谷草转氨酶比值引的大小在判定病情发展程度时有重要意义。具体如下：

1）早期肝硬化及肝硬化患者的谷丙转氨酶/谷草转氨酶比值均在 1.0 以下。

2）一般来说，病程短、肝细胞实质损害轻、预后较好者，通常表现为谷丙转氨酶升高显著，谷丙转氨酶/谷草转氨酶比值大于 1.5。

3）病程长、慢性化程度高、肝细胞实质损害重、预后较差者，通常表现为谷草转氨酶显著升高，谷丙转氨酶/谷草转氨酶小于 1.0。

六、谷丙转氨酶（ALT/GPT）

谷丙转氨酶，简称 ALT（全名谷氨酸-丙酮酸转氨酶，简称 GPT）谷丙转氨酶主要存在于肝细胞浆内，细胞内浓度高于血清中 1000～3000 倍。升高在临床是很常见的现象，只要有 1% 的肝细胞被破坏，就可以使血清酶增高一倍。因此，谷丙转氨酶被世界卫生组织推荐为肝功能损害最敏感的检测指标。

谷丙转氨酶，主要存在于肝脏、心脏和骨骼肌中。肝细胞或某些组织损伤或坏死，都会使血液中的谷丙转氨酶升高，临床上有很多疾病可引起转氨酶异常，必须加以鉴别。

【参考值】

正常参考值为 0～40U/L。高于 40u/L 即称为谷丙转氨酶升高。

【临床意义】

1）病毒性肝炎这是引起转氨酶增高最常见的疾病，各类急、慢性病毒性肝炎均可导致转氨酶升高。

2）中毒性肝炎多种药物和化学制剂都能引起转氨酶升高，但停药后，转氨酶可恢复正常。

3）大量或长期饮酒者谷丙转氨酶也会升高。

4）肝硬化与肝癌肝硬化活动时，转氨酶都高于正常水平，应该积极治疗。

5）胆管疾病胆囊炎、胆石症急性发作时，常有发热、腹痛、恶心、呕吐、黄疸、血胆红素及转氨酶升高。

6）心脏疾病急性心肌梗塞、心肌炎、心力衰竭时，谷丙转氨酶和谷草转氨酶均升高，患者常有胸痛、心悸、气短、浮肿。心脏检查有阳性体征及心电图异常。

7）其它某些感染性疾病，如肺炎、伤寒、结核病、传染性单核细胞增多症等，都有转氨酶升高的现象，但这些疾病各有典型的临床症状。

如果谷丙转氨酶（ALT）血清值超过正常上限 2～3 倍，并持续两周以上，表明有肝胆疾病存在的可能，但须排除嗜酒、化学药物中毒等对肝脏的损害；接触化学物质如四氯化碳、某些重金属、砒霜等可引起中毒性肝炎；生理状态下，如过度劳累、剧烈活动（乳酸在体内大量生成、积聚，使机体相对缺氧及低血糖，致使肝细胞膜通透性增加，引起转氨酶升高）月经期时等都可能使转氨酶暂时性升高。

七、碱性磷酸酶 （ALP）

碱性磷酸酶（ALP 或 AKP）是广泛分布于人体肝脏、骨骼、肠、肾和胎盘等组织经肝脏向胆外排出的一种酶。这种酶能催化核酸分子脱掉 5’磷酸基团，从而使 DNA 或 RNA 片段的 5’-P 末端转换成 5’-OH 末端。但它不是单一的酶，而是一组同功酶。临床上测定 ALP 主要用于骨骼、肝胆系统疾病的诊断和鉴别诊断，尤其是黄疸的鉴别诊断。对于不明原因的高 ALP 血清水平，可测定同工酶以协助明确其器官来源。

【参考值】

磷酸对硝基苯酚连续监测法（Bowers 和 McComb 改良法，37～C）：

女　1～12 岁：＜500U / L

女　＞15 岁：40～150U / L

男　1～12 岁：＜500U / L

男　12～15 岁：< 750U / L

男　> 20 岁：40～150U / L

【运动医学意义】

碱性磷酸酶是在肝功能检查项目中一项非常重要的指标。但碱性磷酸酶的增高不一定就是肝功能不正常，它也可以是生理性增高。

1）运动员长时期运动训练后，VitD 消耗过多，骨细胞动员增加，碱性磷酸酶可能升高，运动员破骨细胞活跃时，即使出现轻度骨质疏松，碱性磷酸酶通常也处于正常范围内。

2）运动员出现疲劳性骨折时，碱性磷酸酶同工酶明显升高。

3）亚极量、极量负荷运动后，血清碱性磷酸酶活性明显高于安静时，但两级负荷间无显著性差异。亚极量负荷下的运动已足以刺激机体血清碱性磷酸酶活性达到极高的水平，不随运动强度的加大和持续时间的延长而升高。

【临床意义】

临床上肝炎是碱性磷酸酶高的常见病因。血清 ALP 活力升高常见于：

1）肝胆疾病：各种形式的胆管梗阻时，肝细胞中 ALP 合成增加，ALP 进入血液中导致血清 ALP 升高。肝外胆管梗阻（如结石、胰头癌）时血清 ALP 水平可达参考值上限 3 倍以上。而肝内胆管梗阻时血清 ALP 水平上升幅度较小（达参考值上限 2.5 倍），累及肝实质细胞的肝胆疾病如传染性肝炎患者血清 ALP 水平通常轻度上升或正常。

2）骨骼疾病：Paget 病（变形性骨炎）患者血清 ALP 水平最高，常达参考值上限 10～25 倍。成骨细胞癌患者血清 ALP 也很高。骨软化症时 ALP 水平中度升高，佝偻病患者血清 ALP 水平可以升至参考值上限 2～4 倍。这两种疾病经维生素 D 治疗后，ALP 水平逐渐下降，生长期儿童因生理性骨骼生长其 ALP 高于正常成人 1.5～2.5 倍，骨质疏松症时 ALP 正常。

八、碱性磷酸酶同工酶

目前已发现有多种的碱性磷酸酶的同工酶，包括 AKP1、AKP2、AKP3、AKP4、AKP5 与 AKP6 六种同功酶。其中第 1、2、6 种均来自肝脏，第 3 种来自骨细胞，第 4 种产生于胎盘及癌细胞，而第 5 种则来自小肠绒毛上皮与成纤维细胞。

【参考值】

（1）琼脂电泳法：正常出现：AKP2、AKP3 、AKP4 、AKP5。 病理出现：AKP1、AKP6。

（2）聚丙烯酰胺凝胶电泳法：成人出现：AKP1（α_1球蛋白位置），AKPⅡ、AKPⅣ（α_2 ～β球蛋白之间），AKPⅣ（β球蛋白位置）。孕妇出现：AKPⅣ。

（3）醋酸纤维薄膜电泳法：成人：仅一条带，67.8％为肝型ALP带，32.2％为骨型ALP带7～11岁儿童：87％ 仅有骨型ALP带，13％有肝型和骨型ALP的混合带

【临床意义】

ALP同工酶测定主要用于以下方面

1）肝胆疾病的诊断：肝内胆汁淤积，急性肝炎，原发性肝癌主要表现为肝型ALP增高。肝外阻塞性黄疸，转移性肝癌，肝脓疡和胆管结石患者除有肝型 ALP 增高外，还可检出胆汁ALP。

2）骨病的诊断：病理性成骨或破骨时，血清中骨型 ALP明显增加，因此骨型ALP不能用于鉴别良恶性骨病及有无恶性肿瘤骨转移。

3）肿瘤的诊断：结肠癌，乳腺癌，肺癌及女性生殖系肿瘤组织往往有胎盘型ALP的过度表达，称为Regan同工酶，但此酶亦可见于肝炎，乙醇所致胆汁淤滞及肝硬化。

九、血尿素（Vrea）

尿素是蛋白质和氨基酸分子内氨基的代谢终产物，在肝细胞内经鸟氨酸循环合成后释放入血，称为血尿素。血尿素经血液循环到肾脏随尿液排出体外。血尿素水平的高低受肝脏尿素合成、肾脏排泄功能等的影响。在正常生理状态下，尿素的生成和消除处于平衡状态，血尿素水平保持相对稳定。

【参考值】

正常成人：男　2.3～7.1mmol / L（6.5～20mg / d L）

女　1.8～6.1mmol / L（5.0～17rmg / d L）

运动员：4~7mmol/L

我们通过对 1228 名运动员血尿素氮的检测，得出以下结果，95%置信区间在运动员参考值范围内（见表 2.8.6）。

表 2.8.6　血尿素氮实测值及置信区间

检测项目	n	最小值	最大值	均值	标准差	95%置信区间
尿素氮 mmol/L	1228	2.6	10.4	5.83	1.39	5.72～5.94

【运动医学意义】

运动员血尿素浓度变化：

1）安静状态：运动员血尿素安静值常常处于参考范围的偏高水平。

2）运动过程：血尿素变化幅度对运动量更为敏感，运动量越大，血尿素增加越明显，次日晨起血尿素值恢复也较慢。

3）运动后恢复：恢复速度受运动应激程度和运动员机能状态的影响。经过适应性训练的运动员，机能状态得到提高，晨起血尿素值降低，进行相同运动负荷后，血尿素值增幅下降，恢复加快。

评定训练后身体恢复状况：

1）大负荷量训练日的次日晨增加，但在训练调整期结束时能恢复正常水平，则评定为训练负荷量合理。

2）大负荷量训练日的次日晨起值无明显变化，则评定为训练负荷量不足。

3）在大负荷量训练日的次日晨上升，并持续至训练周期结束，则训练负荷量过大。

【临床意义】

血尿素升高：

1）男性稍高于女性。

2）各种肾脏疾病，包括肾小球、肾小管、间质或血管病变，都可以引起血尿素浓度的升高。

3）高蛋白饮食，血尿素可轻度增高。

4）痛风、多发性骨髓瘤等血尿素多轻度增高。

5）在严重呕吐、腹泻、烧伤、高热、中毒、失血等多种疾病血容量减少，肾小球血容量和滤过压降低，可致少尿或无尿而使血尿素增高。

6）泌尿系结石、前列腺肥大、前列腺癌以及输卵管附近组织肿瘤压迫所致的尿路梗阻等均可使血尿素增高。妊娠后期孕妇血尿素可降低。

十、血清肌酐（Cr）

肌酐（Creatinine，Cr）是体内磷酸肌酸或肌酸的代谢产物。磷酸肌酸和肌酸在人体内组成肌酸池（Creatinepool），是能量利用和储存的重要物质。人体内大约 95%的肌酸池存在于骨骼肌中。

【参考值】

正常人：血肌酐正常值各个医院的衡量标准不一样，一般来说血肌酐正常值标准为：44-133μmol/L，当血肌酐超过 133μmol/L 时意味着肾脏出现损伤，已经肾功能不全、肾衰竭。（133μmol/L 以上为炎症损伤期，186μmol/L 为肾功能损伤期，451μmol/L 为肾功能衰竭期【晚期（血肌酐值超过

707μmol/L）为尿毒症】

血肌酐（SCr）正常值：

男 53～106 微摩/升（0.6～1.2 毫克/分升）；

女 44～97 微摩/升（0.5～1.1 毫克/分升）。

小儿：24.9～69.7μmol/L。我们通过对 1228 名运动员血肌酐的检测，得出以下结果（见表 2.8.7）。

表 2.8.7 血肌酐实测值及置信区间

检测项目	n	最小值	最大值	均值	标准差	95%置信区间
肌酐 μmol/L	1228	92	134	93.73	14.73	91.81～95.65

【运动医学意义】

1）少年运动员肌酐高于正常成年人。

2)运动使肌细胞内肌酸的释放和循环的加强，因而引起血清肌酐浓度的增高。

3)由于肌酸和磷酸肌酸主要存在于骨骼肌内，因此，作为评价运动员骨骼肌发达程度的一项指标，也是运动员选材的指标之一。骨骼肌发达的运动员与同体重的人相比，产生的肌酐较多。反之，肌酐排泄量少，说明肌肉发达程度低，体脂较多。因此，肌酐数在运动员机能评定中常被作为速度、力量素质的选材、训练效果等检测指标，其数值高是肌肉机能好的反映。反之，可能是肌肉机能下降的表现。尤其在短跑、举重、投掷等爆发性项目的运动员中，肌酐数值与专项运动成绩密切相关。

4）训练期评定训练效果。

肌酐数提高，是肌肉力量或速度训练水平提高的表现。肌酐数不变，体重增加，说明体脂增加，肌肉质量变化不明显，训练效果差。

【临床意义】

肌酐增高可见于各种原因引起的肾小球滤过功能减退。

如表所示（见表 2.8.8），尿素氮在不同项群中由高到低依次为表现类、对抗类、耐力类和速度类。血尿素氮在运动员运动量加大或机体对运动强度不适、恢复不佳时增高。各项群间的尿素氮代谢特点，需要进一步研究。肌酐与尿酸在不同项群的排列一致，由高到低依次是对抗类、耐力类、速度力量类和表现类。同时，骨骼肌发达的运动员与同体重的人相比，肌酐的产生较多。因此对抗类的项目肌酐含量较高，表现类项目肌酐含量较低。

表 2.8.8 不同项群之间部分机能指标的比较

	血尿素氮 umol/L	尿酸 umol/L	肌酐 umol/L
表现类	5.93±1.34*	322.04±91.70☆	84.60±8.89[abc]
耐力类	5.61±0.88	364.49±240.17	93.35±12.95[ad]
速度力量类	5.37±1.24*△	323.01±93.32#	92.42±10.55[be]
对抗类	5.92±1.45△	388.53±123.42☆#	99.25±17.26[cde]

十一、血乳酸（BLA）

乳酸是一种羟基酸，由机体进行糖酵解生成的丙酮酸转变而来。糖酵解是生物体内普遍存在的一种代谢方式。在一些耗能较多的组织，如神经、视网膜、红细胞等细胞内，糖酵解很活跃，正常时也有乳酸生成。各组织内乳酸生成量的多少由它们的活动强度和环境条件决定。其中，骨骼肌乳酸的生成方面变动幅度最大。运动时骨骼肌是产生乳酸的主要场所，乳酸的生成量与收缩肌纤维的类型和代谢速率的关系密切。正常时，骨骼肌乳酸浓度约为 lmmol/kg 湿肌，血乳酸浓度保持在稳态1～2mmol/L。

【参考值】

正常成人：全血（肝素抗凝）静脉血　0.5～1.7mmol / L

动脉血　0.36～1.25mmol / L

血浆（氟化钠抗凝）静脉血　0.5～1.3retool / L

动脉血　0.5～1.6 mmol / L

运动员：静脉血 ＜2 mmol / L

【运动医学意义】

1）正常状态：运动员血乳酸安静值与常人无差异，血乳酸浓度为1～2mmol/L。

2）赛前状态：血乳酸安静值有可能升高到3mmol/L左右，与肾上腺分泌增多有关。

3）运动过程：运动时血乳酸浓度的变化与运动强度有关。在短时间剧烈运动时血乳酸浓度可达到15mmol/L以上；短时间间歇运动时最高可达32mmol/L；在长时间耐力运动后血乳酸浓度上升较少。

4）运动后恢复：运动后恢复期，血乳酸浓度下降，其恢复速率可以反映机体有氧代谢能力。

训练水平影响运动后血乳酸浓度：

1）速度耐力性运动项目的高水平的运动员，运动成绩好，同时血乳酸最大浓度值也高。

2）耐力性运动项目的运动员，在完成相同亚极量运动负荷时，优秀运动员血乳酸值相对较低。

3）若对同一个体大运动量训练前后血乳酸值进行比较，可以评定训练效果。

【临床意义】

临床上，机体血乳酸浓度增加可能与以下疾病相关：

1）低氧血症，组织氧利用减少。如休克，血容量减少，左心衰竭等。

2）代谢性疾病。如糖尿病，肝脏疾病等。

3）药物中毒。常见于甲醇、乙醇或水杨酸中毒。

4）维生素 B 缺乏症时也可有增高。重度高乳酸酸血症表明细胞氧化过程的恶化，与疾病的严重程度相关，提示预后较差。

十二、血清睾酮（T）

睾酮是调节代谢的激素，身体机能良好时，血清睾酮水平变化不大，体能增强伴有血清睾酮增加，疲劳、过度训练或机能状态差时，血清睾酮水平会下降。从血清睾酮的升降到引起代谢速率的改变，乃至表现出体能的变化需要一段时间，这就是说，此时的机能状态如何并非完全取决于此刻的血清睾酮水平高低。

【参考值】

正常成人：直接抽提法：618～1090 ng/dl

纸层析法：452～995 ng/dl

成人：男 14～25.4 nmol/L，女 1.3～2.8nml/L

运动员：男：9.5～35.0nmo/L （280～1000ng/dl）

女：0.35～3.50nmo/L（10～100ng/dL）

我们通过对 1228 名运动员睾酮的检测，得出以下结果（见表 2.8.9）

表 2.8.9 睾酮实测值及置信区间

检测项目		n	最小值	最大值	均值	标准差	95%置信区间
睾酮	（男）	668	337.05	1624.5	893.43	483.97	820.03～966.83
ng/dl	（女）	560	26.91	162.4	72.77	38.47	65.65～79.89

【运动医学意义】

机能评定：

1）身体机能良好时，血清睾酮水平变化不大。

2）体能增强伴有血清睾酮增加。

3）疲劳、过度训练或机能状态差时，血清睾酮水平会下降。

4）可作为运动员选材的参考指标之一。一般基础血清睾酮浓度高的运动员肌肉力量素质好，有氧代谢能力和恢复能力均较强。适宜从事竞技体育；训练一段时间后血睾酮降低幅度小或基本不下降者说明对训练耐受性强。

5）补充外源性相关药物时血睾酮增高。

【临床意义】

血清睾酮增高：

1）睾丸间质细胞瘤患者，睾酮含量有时可高达正常的 100 多倍。患者肌肉和骨骼过速生长，性器官过早发育和副性征过早出现。

2）真性男性性早熟患儿，血浆睾酮水平明显升高，可高至成人水平。

3）应用外源性睾丸激素治疗及女性多毛症患者，血浆睾酮含量常高于正常。

4）人绒毛膜促性腺激素（HCG）兴奋试验，HCG 可刺激睾丸间质细胞分泌睾酮较正常增加 50%～200%。

血清睾酮减低见于：

1）先天性睾丸发育不全、睾丸消失综合征血浆睾酮水平减低。

2）继发性化学中毒、睾丸炎症时，睾酮含量减低。

3）垂体功能功能减退及其他慢性消耗性疾病。

十三、血清皮质醇（FC）

血清皮质醇浓度也上升，用以调节机体对外界刺激的适应能力，使能量代谢以糖代谢为中心，保持葡萄糖对重要器官的供应，加强骨骼肌的糖元分解作用。

【参考值】

普通人：午夜 0 时：96.54±33.1 nmol / L　3.5±1 2 ug / dl

血浆：上午 8～9 时（442±276）nmol/L，下午 3～4 时（221±166）nmol/L。

运动员：午夜 0 时：55～140nmol/L（2～5 μ g/dL）

上午 8 时：165～720nmol/L（6～26 μ g/dL）

下午 4 时：5～250nmol/L（2～9 μ g/dL）

我们通过对 1228 名运动员皮质醇的检测，得出以下结果，由于检测时间不固定，因此未与参考值作比较（见表 2.8.10）。

表 2.8.10 皮质醇实测值及置信区间

检测项目	n	最小值	最大值	均值	标准差	95%置信区间
皮质醇 ng/dl	1228	3.9	236.9	107.82	82.59	93.84～121.80

【运动医学意义】

1）训练量过大，血清皮质醇浓度上升幅度加大，运动和应激时皮质醇的增加是对运动的适应，有利于机体动员保证能量的供应。

2）相同负荷运动时，血清皮质醇浓度上升的幅度下降，是适应运动量的表现。

3）运动后恢复期，血清皮质醇浓度下降速度慢，恢复时间长是机能状态差的表现。

【临床意义】

血浆皮质醇浓度的增高：

1）见于 Cushing 综合征（包括 Cushing 病、肾上腺皮质瘤、肾上腺癌、异位 ACTH 综合征），且失去昼夜变化节律。

2）单纯性肥胖症时皮质醇水平亦可能升高，并仍具有一定的昼夜节律。

3）应激状态时，如发热、手术创伤、心肌梗死、哮喘病危象等情况下，亦有皮质醇的增加，但应激消失后可很快降至正常。

4）妊娠或用雌激素治疗时使糖皮质类固醇激素结合蛋白（CBG）等与皮质醇结合的蛋白增多，血浆皮质醇总量亦增高。

血浆皮质醇浓度的减少：

1）见于 Addison 病、垂体前叶机能减退并继发性肾上腺皮质机能减退，但分泌节律基本正常。

2）肾上腺切除术后、严重感染的低血压患者的皮质醇水平亦降低。

3）一些药物，如水杨酸类、苯妥英钠等使 CBG 减少，导致血浆总皮质醇减少，但游离皮质醇并不减少。

4）某些先天性肾上腺皮质增生症、CBG 缺乏症时也有皮质醇的下降。

十四、血尿酸（VA）

尿酸为嘌呤代谢的终产物。为三氧基嘌呤，其醇式呈弱酸性。各种嘌呤氧化后生成的尿酸随尿排出。因溶解度较小，体内过多时可形成尿路结石或痛风。

【参考值】

尿酸酶法　男性　210～420mmol / l（3.5～7.2mg / dl）

女性　150～350mmol / l（2.6～6.0mg / dl）

男性　237.9～356.9μmol/L（4～6mg/dL），女性 178.4～297.4μmol（3～5mg/dL）

血尿酸男　0.21～0.44 毫摩/升（3.5～7.4 毫克/分升）；

血尿酸女　0.15～0.39 毫摩/升（2.6～6.57 毫克/分升）。

我们通过对 1228 名运动员血尿酸的检测，得出以下结果（见表 2.8.11）。

表 2.8.11 血尿酸实测值及置信区间

	n	最小值	最大值	均值	标准差	95%置信区间
尿酸 mmol / l	1226	152.5	1721	353.62	141.59	335.16～372.08

【运动医学意义】

1）剧烈运动可引起机体失水，同时导致血尿酸浓缩，血浓度升高。

2）运动员运动训练后，由于减轻胰岛素抵抗，也可以促进尿酸的排泄。

【临床意义】

血尿酸增高：

1）血尿酸增高主要见于痛风，但少数痛风患者在痛风发作时血尿酸测定正常。血尿酸增高无痛风发作者为高尿酸血症。

2）在细胞增殖周期快、核酸分解代谢增加时，如白血病及其他恶性肿瘤、多发性骨髓瘤、真性红细胞增多症等血清尿酸值常见增高。肿瘤化疗后血尿酸升高更明显。

3）在肾功能减退时，常伴有血清尿酸增高。可见于肾脏疾病如急慢性肾炎，其他肾脏疾病的晚期如肾结核，肾盂肾炎，肾盂积水等。

4）在氯仿中毒、四氯化碳中毒及铅中毒、子痫、妊娠反应及食用富含核酸的食物等，均可引起血中尿酸含量增高。

血尿酸降低：

恶性贫血，范科尼综合征血尿酸降低。

第二节 心肌酶指标与意义

一、心肌肌钙蛋白（T）

肌钙蛋白（cTn）是肌肉收缩的调节蛋白。心肌肌钙蛋白T（cTnT）有快骨骼肌型、慢骨骼肌型和心肌型。绝大多数cTnT以复合物的形式存在于细丝上，而6%～8%的cTnT以游离的形式存在于心肌细胞胞质中。当心肌细胞损伤时，cTnT便释放到血清中。因此，cTnT浓度变化对诊断心肌缺血损伤的严重程度有重要价值。

【参考值】

正常范围：0.02～0.13μg/L。

肌钙蛋白 T 升高的临界标准：＞0.2μg/L。

AMI 时的诊断标准：＞0.5μg/L。

【运动医学意义】

1）肌钙蛋白是反应骨骼肌和心肌损伤的特异性标志物，测定运动后血液中肌钙蛋白浓度，可以为较早的发现和判断运动导致的骨骼肌和心肌的早期损伤提供依据。

2)肌钙蛋白 T 心肌亚型也是心肌细胞坏死的敏感性标志物。在高原低氧环境中，运动员运动训练后心肌细胞也存在有一定程度的损伤。血清肌钙蛋白 T 心肌亚型测定值明显高于正常人参考值。

【临床意义】

具有独特的抗原性，其特异性更优于 CK—MB。其释放所持续的时间较长，因而可保持 cTnT 较长时间的高水平状态。故 cTnT 既有 CK—MB 升高时间早、又有 LD1 诊断时间长的优点。

1）诊断 AMI　cTnT 是诊断 AMI 的确定性标志物。

2）判断微小心肌损伤：不稳定型心绞痛病人常发生微小心肌损伤，这种心肌损伤只有检测 cTnT 才能确诊。

3）预测血液透析病人心血管事件，cTnT 增高提示预后不良或发生猝死的可能性增大。

4）其它：①cTnT 也可作为判断 AMI 后溶栓治疗是否出现冠状动脉再灌注以及评价围手术期和经皮腔内冠状动脉成形术（PTCA）心肌受损程度的较好指标。②钝性心肌外伤、心肌挫伤、甲状腺功能减退症病人的心肌损伤、药物损伤、严重脓毒血症所致的左心衰时 cTnT 也可升高。

二、心肌肌钙蛋白（I）

心肌肌钙蛋白 I 以复合物和游离的形式存在于心肌细胞胞质中，当心肌损伤时，cTnI 即可释放入血液中，血清 cTnI 浓度变化可以反映心肌细胞损伤的程度。

cTnI 测定的适应征：

1）晚期诊断 AMI，监测 AMI 的病程进展；

2）评价溶栓治疗效果；

3）评价不稳定心绞痛病人的预后；

4）评价小面积心肌梗死（如侵入性心脏治疗后）；

5)诊断伴有骨骼肌损伤的心肌损伤(如围手术期心肌梗死、心脏创伤)；

6）心脏移植后慢性或亚急性排斥反应；

7）诊断伴有肌病、肾或多器官功能衰竭的心肌损伤。

【参考值】

正常情况下外周血 cTnI 的水平很低：（0～0.3μg/L），AMI 发作后，由于其分子量小，很快释放人血，浓度迅速升高。Zaninotto 等以 1μg/L cTnI 作为阳性诊断临界值，可疑 AMI 的病人诊断率可达 94.3%，诊断特异性为 100%。

正常情况下外周血 cTnI 参考值：①0.02～0.13μg/L。② >0.2μg/L 为临界值。③ >0.5μg/L 可以诊断 AMI。

【运动医学意义】

1）cTnI 是反映心肌损伤的特异分子标志物，对缺血性心肌损伤及微小心肌损伤 （MMD） 有重要诊断价值，其特异性优于血清酶学 CK，CK-MB 等。

2）对 215 例研究对象进行分析，其中 59％的急性骨骼肌损伤患者，78％的马拉松运动员，CK-MB 升高，而无一例 cTnI 阳性。观察 20 例单纯骨骼肌损伤患者，7 例 CK-MB 升高，而 cTnI 阴性。可见 cTnI 同样也是鉴别心肌还是骨骼肌损伤的特异指标。

3）由于 cTnI 的高度特异性，因而将经典酶学的检测与 cTnI 相结合，可排除一定的假阳性心肌损伤。

【临床意义】

1）诊断 AMI：cTnI 对诊断 AMI 与 cTnT 无显著性差异。与

cTnT 比较，cTnI 具有较低的初始灵敏度和较高的特异性。

2）判断 MMD：UAP 病人血清 cTnI 也可升高，提示心肌有小范围梗死。

3）其它：急性心肌炎病人 cTnI 水平增高，其阳性率达 88%，但多为低水平增高。

三、肌红蛋白（Mb）

肌红蛋白（Mb）是一种存在于骨骼肌和心肌中具有传递和贮存氧功能的低分子色素蛋白质。与血红蛋白（Hb） 相比对氧具有更大的亲和力，是肌肉的储氧池。约占全身氧储的 10%，正常人血清 Mb 含量极少，当心肌或骨骼肌损伤时，血液中的 Mb 水平升高，对诊断 AMI 和骨骼肌损害有一定价值。

肌红蛋白检测的适应征：

1）早期诊断 AMI 和再梗死；

2）监测 AMI 后溶栓治疗的效果；

3）评估骨骼肌疾病的病程；

4）监测肌红蛋白清除率，评估复合性创伤或横纹肌溶解并发肾衰竭的危险；

5）监测运动医学的运动训练量。

【参考值】

男性 20～80μg/L；

女性 10～70μg/L；

诊断限：＞100μg/L。

血清 Mb 水平随年龄、性别及种族的不同而异，黑人的 Mb 水平要高于白人。

【运动医学意义】

1）它与运动疲劳及运动损伤密切相关，在剧烈运动后由于肌细胞膜通透性增加或在组织细胞受到损伤的情况下，血清中 Mb 水平会明显升高。不同运动项目，运动类型参与的肌群种类和数量的有所差别以及不同的运动量、运动员的技术水平都会使 Mb 值存在着差异。

2）在运动员中有性别差异，这种差异与男女运动员所从事的运动项目有关。

【临床意义】

1）诊断 AMI：由于 Mb 分子量小，心肌细胞损伤后即可从受损的心肌细胞中释放，所以 Mb 可作为早期诊断 AMI 的指标，明显优于 CK—MB 和 LD。

2）判断 AMI 病情：如果此时 Mb 持续增高或反复波动，提示心肌梗死持续存在，或再次发生梗死以及梗死范围扩展等。

3）其它：①骨骼肌损伤：急性肌肉损伤、肌病；②休克；③急性或慢性肾衰竭。

第三节 溶血指标

溶血是红细胞破裂，血红蛋白逸出，红细胞发生溶解简称溶血。在体内，溶血可为溶血性细菌或某些毒素侵入、抗原-抗体反应（如输入配血不合的血液）、各种机械性损伤、红细胞内在（膜、酶）缺陷、某些药物等引起。临床可表现为溶血的相关指标异常。是否溶血可先行检查血常规和胆红素，若有异常则再查与溶血有关其他指标。

一、总胆红素（TBIL）

胆红素是由血红蛋白中的血色素降解代谢的产物，红细胞有固定的寿命，破坏后，血色素会分解成为正铁血红素（haem）和血红素。正常人每日生成胆红素约 250～350mg，其中 80%～85%来自循环中衰老的红细胞（红细胞平均寿命 120 天）。其在肝内经过葡萄糖醛酸化的叫做直接胆红素，未在肝内经过葡萄糖醛酸化的叫做间接胆红素，二者的和就是总胆红素，作为溶血的一个重要指标。

【参考值】 3.4～17.1μmol/L

在此列出的参考值只作为大致参考，不作为诊断依据，因为使用的检测仪器和试剂不同，参考值也有差别。

【运动医学意义】

运动医学中运动员在某些情况下可有红细胞的过度溶解，由于血液循环的增加引起对毛细血管壁的摩擦增大，红细胞受到损伤而发生溶血。

冲击力的大小与溶血有关，在进行激烈的对抗性运动时（例如摔跤、拳击、日本空手道等）如果徒手不加防护带等则引起溶血，如果在身体接触部位加上弹性橡胶带进行练习则不易引起溶血。

近年来随着对自由基研究的深入对运动时红细胞的物理性溶解、化学性溶解有了更多的认识。运动时自由基浓度增高，对红细胞膜的破坏作用也增加。自由基浓度增高、血浆渗透压升高、血粘度增大、儿茶酚胺浓度升高、酸中毒等都易引起红细胞老化，机械脆性增大，抗渗透压能力减弱，变形能力减退等，使红细胞在受到剧烈肌肉收缩的压迫、变形、扭曲时易受到机械性损伤而产生溶血。

【临床意义】

是溶血的一个重要指标，但是临床上主要用于诊断肝脏疾病和胆管梗阻。

1）总胆红素、直接胆红素增高：肝内及肝外阻塞性黄疸，胰头癌，毛细胆管型肝炎及其他胆汁淤滞综合征等。

2）总胆红素、间接胆红素增高：溶血性贫血，血型不合输血，恶性疾病，新生儿黄疸等。

3）总胆红素、直接胆红素、间接胆红素都增高：急性黄疸型肝炎，慢性活动性肝炎，肝硬变，中毒性肝炎等。

二、间接胆红素（IBIL）

间接胆红素（英文缩写 IBIL）主要是由红细胞破坏而来，未在肝内经过葡萄糖醛酸化的叫做间接胆红素。

【参考值】3.4～12.2 μmol/L

在此列出的参考值只作为大致参考，不作为诊断依据，因为使用的检测仪器和试剂不同，参考值也有差别。

【临床意义】

间接胆红素增高，为溶血性黄疸、肝细胞性黄疸。以间接胆红素升高为主常见于溶血性疾病、新生儿黄疸或者输血错误等。肝炎与肝硬化病人的间接胆红素都可以升高。

1）胆红素总量增高、间接胆红素增高：溶血性贫血、血型不合输血、恶性疾病、新生儿黄疸等。

2）胆红素总量增高、直接与间接胆红素均增高：急性黄疸型肝炎、慢性活动性肝炎、肝硬化、中毒性肝炎等。

3）胆红素总量增高、直接胆红素增高：肝内及肝外阻塞性黄疸、胰头癌、毛细胆管型肝炎及其它胆汁淤滞综合征等。

三、直接胆红素（DBIL）

直接胆红素（英文缩写 DBIL）又称结合胆红素。未结合胆红素在肝细胞内转化，与葡萄糖醛酸结合形成结合胆红素，结合胆红素用凡登伯定性试验呈直接反应，故将这种胆红素称为直接胆红素。

【参考值】0～7μmol/L

在此列出的参考值只作为大致参考，不作为诊断依据，因为使用的检测仪器和试剂不同，参考值也有差别。

【临床意义】

直接胆红素增高，属阻塞性黄疸、肝细胞性黄疸。以直接胆红素升高为主常见于原发性胆汁型肝硬化、胆管梗阻等。肝炎与肝硬化病人的直接胆红素都可以升高。胆红素总量增高、直接胆红素增高时，可疑为肝内及肝外阻塞性黄疸，胰头癌，毛细胆管型肝炎及其他胆汁淤滞综合征等。引起直接胆红素高的原因虽然很多，但最常见的是由肝脏疾病引起的直接胆红素高。因此，发现直接胆红素高时，首先要考虑是不是得了肝脏疾病，结合患者的病史、症状等进行综合分析，选择合适的检查项目，确定引起直接胆红素高的原因，针对病因进行治疗。

1)梗阻性黄疸:如果肝外的胆管系统发生肿瘤或出现结石，将胆管阻塞，直接胆红素不能全部排入肠道，而逆流入血，会引起总胆红素高，而发生阻塞性黄疸。原发性胆汁型肝硬化、胆管梗阻、淤胆型肝炎等疾病都是引起直接胆红素高的原因。

2）肝细胞性黄疸：如果肝脏不好，肝脏将间接胆红素转化为直接胆红素的能力下降，即肝细胞受损，或者因胆红素不能正常地转化成胆汁，或者因肝细胞肿胀，使肝内的胆管受压，排泄胆汁受阻，这时会引起直接胆红素和间接胆红素同时偏高的现象，发生肝细胞性黄疸。肝脏疾病如乙肝、丙肝、脂肪肝、酒精肝、肝硬化等都是引起直接胆红素高的原因。

（马云、张建红编写）

第九章 运动员营养能量系统指标与意义

第一节 运动员糖代谢常用指标

空腹血糖（GLU）

【参考值】

正常成人：3.61～6.11mmol / L

【运动医学意义】

1）运动中肌糖原耗损或低血糖与长时间运动疲劳有关，运动应激时，交感神经兴奋，胰高血糖素分泌增高，使血糖浓度升高，仅有胰岛素分泌受到抑制。

2）在比赛、大运动量训练前或运动中应选择含纤维少、含糖浓度高的食品。运动中补糖使血糖浓度保持良好水平，减少应激激素的分泌，有利于稳定免疫。

【临床意义】

1）血葡萄糖含量在不同种族和性别间无明显差异，在不同年龄间存在一定差异。

2）在糖尿病、低血糖、胰岛细胞瘤、慢性肝病和有关影响糖代谢的疾病时，常可见到血糖水平异常，是糖尿病、低血糖症诊断的重要依据，也是治疗糖尿病过程中观测疗效的指标之一。

第二节 运动员蛋白质代谢常用指标

一、总蛋白（TP）

【参考值】

正常成人 60～78g / L

【运动医学意义】

1）剧烈运动、过度劳累、休息时间不足够、长期大量的饮酒，这些方面都会在一定程度上引起总蛋白偏高。

2）运动员应当注意日常保健、合理饮食，如果结果比较高，建议 1 个月后再进行肝功能复查。

【临床意义】

血清总蛋白增高：

1）血清水分减少，使总蛋白浓度相对增加。如急性失水，肾上腺皮质功能减退。

2）血清蛋白合成增加。如多发性骨髓瘤（主要是球蛋白的增加）。

血清总蛋白减少：

1）血清水分增加，使总蛋白浓度相对减少。如水钠潴留或静脉应用过多低渗液。

2）营养不良，如摄入不足或消化吸收不良。

3）消耗增加，如多种慢性消耗性疾病（严重结核，甲亢或恶性肿瘤等）。

4）合成障碍，主要是肝功能障碍。

5）蛋白丢失，如急性大出血，严重烧伤以及慢性肾脏病变等。

二、白蛋白（ALB）、球蛋白（GLB）、白蛋白／球蛋白比值（A/G）

【参考值】

溴甲酚绿法

正常成人

白蛋白：35～50g／L

球蛋白：20～30g／L

A／G：1.5～2.5：1

【运动医学意义】

1)运动员由于饮食不当,运动后能量消耗过大而摄入不足,白蛋白浓度下降，运动后大量出汗，体液排出增多，血液浓缩而导致白蛋白浓度上升。

2）急性感染时球蛋白浓度可能升高,大运动量训练后免疫功能处于低下时，球蛋白浓度降低。

【临床意义】

血清白蛋白浓度降低:

1）营养不良，如摄入不足或消化吸收不良，消耗增加，如多种慢性消耗性疾病（严重结核，甲亢或恶性肿瘤等)。

2）合成障碍，主要是肝功能障碍，若持续低于 30g / L，则提示可能为慢性肝炎或肝硬化。

3）蛋白丢失过多，如急性大出血，严重烧伤以及慢性肾脏病变等。血清白蛋白浓度增高主要见于：严重失水导致的血浆浓缩。

球蛋白浓度增高:

1）炎症或感染反应，如结核病、疟疾、黑热病、麻风病以及血吸虫病等。

2）自身免疫性疾病，如系统性红斑狼疮、风湿热、类风湿性关节炎及肝硬化等。

球蛋白浓度降低:

1）生理性减少（出生后至3岁）。

2）免疫功能抑制，如肾上腺皮质激素过多或应用免疫抑制剂。

A/G 临床主要用于分析总蛋白、白蛋白和球蛋白三者之间相对的关系：

1）急性肝炎早期，白蛋白量可不变或稍低，丁球蛋白轻度增多，所以血清总蛋白量可以不变。此时白蛋白量仍高于球蛋白，因此A/G比值仍可正常。

2）慢性肝炎和肝硬化时，血清白蛋白量减少，总蛋白量则视球蛋白量的改变而异。若球蛋白量正常，则总蛋白量减少，A/G比值正常或减小；若球蛋白量增多，则总蛋白量可正常或增加，A/G比值减小至低于1。

第三节 运动员脂代谢常用指标

一、总胆固醇（TC）

总胆固醇是指血液中所有脂蛋白所含胆固醇之总和。总胆固醇包括游离胆固醇和胆固醇酯，肝脏是合成和贮存的主要器官。胆固醇是合成肾上腺皮质激素、性激素、胆汁酸及维生素D等生理活性物质的重要原料，也是构成细胞膜的主要成分，其血清浓度可作为脂代谢的指标。指临床上将血总胆固醇增高称为高胆固醇血症。

【参考值】

建议控制水平

成人 2.9～5.18mmol/L　　　儿童 2.9～4.40mmol/L

警惕水平

成人 5.18～6.21mmol/L　　　儿童 4.40～5.15mmol/L

【运动医学意义】

1）胆固醇又分为高密度胆固醇和低密度胆固醇两种，前者对心血管有保护作用，后者偏高，冠心病的危险性就会增加。运动训练会提高高密度脂蛋白，很多运动员血清总胆固醇水平升高是其中的高密度脂蛋白增高的结果。

2）耐力及体能类项目需要消耗大量脂肪，当体内脂肪分解超过摄入水平时会引起胆固醇降低，而当摄入大量脂肪超过肝脏代谢的能力，又会引起血清胆固醇增加。

3）力量型运动员在检测时往往血胆固醇高于正常，调查期原因往往是因为要增加肌肉（包括为了增加体重）而过度饮食导致血中脂类物质增加，有的还伴有脂肪肝。

4）运动员营养物质摄入不当会引起胆固醇不当改变，如体操、跳水等项目，运动员在控制体重期间往往出现营养物质摄入不足，此时血清胆固醇水平也相应减低，有的运动员由于长期节食血清胆固醇可降至很低水平，这其实是重度营养不良的一种表现。由于胆固醇通常与其他营养素（如蛋白质、部分维生素、部分常量元素和部分微量元素等）共存于膳食中，过分限制胆固醇，有可能同时限制了其他有益营养素的摄入，有可能会导致运动员智力下降，注意力不集中、容易出现疲劳等。

【临床意义】

1）血清胆固醇增高可见于肾病综合征、糖尿病、甲状腺功能减退、胆管梗阻、饮酒过量、急性失血后以及家族性高胆固醇血症等；

2）血清胆固醇减低可见于甲状腺功能亢进、严重肝功能衰竭、溶血性贫血、感染和营养不良等。

二、甘油三酯（TG）

【参考值】

建议控制水平

男性　0.45～1.81mmol / L

女性　0.40～1.53mmol / L

【运动医学意义】

1）运动员甘油三酯降低，考虑控制体重引起的脂类摄入不足所致。

2）运动员甘油三酯升高，主要与饮食有关，当进食大量脂肪类、尤其是动物脂肪食品后，体内甘油三酯水平明显升高；过多的碳水化合物，尤其是加工精细的粮食进入体内后，会引起血糖升高，合成更多的甘油三酯。另外，饮酒可以刺激甘油三酯的加速合成。因此，这部分运动员应避免或者尽量减少致使甘油三酯偏高的原因。

3）限制甜食，适当限制脂肪，尤其是动物脂肪，适当增加蛋白质，尤其是大豆蛋白，戒酒。

【临床意义】

血清甘油三酯增高：

1）动脉粥样硬化、糖尿病、糖原累积症、肾病综合征、甲状腺功能减退、皮质醇增多症。

2）某些肝胆疾病（如脂肪肝、肝脏胆汁郁积等），胰腺炎及家族性高甘油三酯血症等。

3)长期禁食或高脂饮食以及大量饮酒也可使血清甘油三酯增高。

血清甘油三酯减少：

1）甲状腺功能亢进，肾上腺皮质功能减退。

2）肝功能严重障碍等。

三、高密度脂蛋白胆固醇（HDL-C）

【参考值】

沉淀法

男 0.78～1.81mmol / L

女 0.88～2.04mmol / L

【临床意义】

HDL-c/TC 比值反应冠心病危险水平

建议达到水平 > 0.25

警惕水平 0.20～0.25

冠心病危险水平 < 0.20/4

四、低密度脂蛋白胆固醇（LDL-C）

【参考值】

	成人	儿童
建议控制水平	< 3.37mmol / L	< 2.84mmol / L
警惕水平	3.37～4.13mmol/L	2.85～3.34mmol/L

【运动医学意义】

1）如果运动员存在运动性贫血，或是营养摄入不均衡高密度脂蛋白、低密度脂蛋白均可能降低。

2）如果运动员低密度脂蛋白升高，应该注意调整饮食，避免高胆固醇和饱和脂肪食品的过度摄入，限制动物性脂肪的摄入。多吃蔬菜、瓜果，增加纤维摄入。

【临床意义】

LDL-C 是底密度酯蛋白胆固醇

LDL-C 降低见于：

1）吸烟、急性或慢性肝病、心肌梗死、创伤、糖尿病、甲状腺功能异常、慢性贫血、严重营养不良等疾病或静脉内高营养治疗等。

2）在动脉粥样硬化或糖尿病时明显降低，其下降比率大于 HDL-C。

LDL 升高：

1）胆固醇增多并可伴有甘油三酯的增高，临床多表现为Ⅱa 或Ⅱb 型高脂蛋白血症。

2）饮食中富含胆固醇和饱和脂肪酸、低甲状腺素血症、肾病综合征、慢性肾功能衰竭、肝脏疾病、糖尿病、血卟啉症、神经性厌食以及妊娠等。

LDL 减低：

1）营养不良、肠吸收不良、慢性贫血、骨髓瘤、急性心肌梗死。

2）创伤、严重肝脏疾病、高甲状腺素血症、Reye 综合征等。

第四节 运动员微量元素代谢常用指标

一、钙 （Ca）

【参考值】

血清总钙　　2.25～2.75mmol／L

血清离子钙　1.12～1.23mmol／L

【运动医学意义】

1）心肌和骨骼肌收缩时对钙离子的依赖性很强。钙离子是肌肉兴奋收缩偶联的关键物质。细胞外液钙离子浓度的下降，必将引起运动员心肌收缩能力的下降。

2)骨骼肌细胞内钙离子的储存量减少可以引起运动员骨骼肌收缩能力的下降，肌肉力量明显下降。

3)竞技运动员在运动训练或比赛中需要很高的灵敏素质 、反应速度、心脏泵血能力和肌肉力量，这些运动能力的提高都与钙离子存在十分重要的关系。而运动员在训练、比赛时钙离子的丢失量十分大。运动员由于体内钙离子的相对缺乏或绝对缺乏导致运动能力明显下降。

4）各种离子、尤其是钙离子浓度的定期测定是运动员医务监督的重要内容。维生素 D 能够调控参与控制消化道上皮细胞主动转运钙离子过程及多个因子的活性。为了提高钙离子吸收效率要注意给予运动员适量补充维生素 D。

【临床意义】

钙离子的主要生理功能为降低神经肌肉的兴奋性、参与肌肉收缩和神经的冲动传导、维持心肌及其传导系统的兴奋性和节律性、激活酯酶和三磷酸腺苷以及参与凝血过程和骨骼及牙齿的组成等。

血清钙的增高可见于：

1）甲状旁腺功能亢进（伴低血磷）、骨肿瘤、大量应用维生素 D 治疗等。

2）血清钙基本不受摄入量或排泄量的影响，男性随年龄增长逐渐下降，女性则逐年增高。

血清钙的降低：

1）血清钙的降低更多见，如婴儿手足搐溺症、维生素 D 缺乏症、引起血清白蛋白减少的疾病（恶性肿瘤、严重肝病等），伴高血磷见于甲状旁腺功能减退（甲状旁腺素分泌不足）和慢性肾功能衰竭，伴血磷正常或偏低见于佝偻病、骨软化症。

2）血清钙的总量受蛋白浓度的影响，血清蛋白异常时，需校正；而测离子钙值时，需校正血清 pH，血清 pH 每增加 0.1，离子钙降低 0.1mmol / L。

二、磷（P）

【参考值】

化学比色法

成人　0.96～1.62mmol / l

儿童　1.45～2.10mmol / L

【运动医学意义】

运动员磷的每日需要量与钙呈适宜的比例，当运动量加大时，可引起磷的负平衡，因此，运动员膳食中应增加磷酸盐的供应。运动员磷的需要量每日为 2～2.5 克，力量性和耐力性项目运动员的需要量每日为 4～4.5 克。

【临床意义】

血清无机磷升高：

1）甲状旁腺功能减退症、肾脏疾病如慢性肾盂肾炎、慢性肾炎。

2）多囊肾及肾性佝偻病等、阿狄森病、急性黄色肝萎缩和多发性骨髓瘤。

血清无机磷减低：

1）甲状旁腺功能亢进症、骨质软化症、重症糖尿病。

2）维生素D缺乏症、肠内磷吸收不良如脂肪泻等。

三、镁（Mg）

【参考值】

原子吸收分光光度法　0.65～1.05mmol / l

【运动医学意义】

1)体内镁离子状态与运动能力有关。对运动员的研究表明，最大吸氧量与血浆中镁离子浓度呈显著相关性。如果缺乏镁，可导致神经紧张、情绪不稳、肌肉乏力、耐久力下降等。

2)由于运动会大量消耗体内的镁，如果不注意随时补充镁，不仅可能影响运动能力，而且运动中还会发生腿部抽筋、痉挛现象。缺镁可使长期运动者发生意外，如心肌及冠状动脉中缺镁，可致运动性昏厥，心脏骤停而猝死于运动中。运动员每天至少补充300毫克镁。

3）镁可以提高运动期的生理代谢反应。镁的补充也能显著提高运动期心肺功能。从事运动训练的个体补充镁能降低安静状态下心率，或增加耐力时间。在进行亚极量运动时降低氧利用，表明镁的补充提高了运动能力。

【临床意义】

血镁浓度升高：

1）肾脏疾病，如急、慢性肾炎、肾病综合征、慢性肾上腺皮质功能减退、糖尿病酸中毒早期、白血病、骨髓瘤

2）原发性高血压、冠状血管痉挛、心律紊乱、低温麻醉。

血镁浓度降低：

1）急性胰腺炎、肾盂肾炎、肾盂积水、肝硬化晚期、肾小管性酸中毒、糖尿病酸中毒治疗后、甲状腺功能亢进、或甲状旁腺机能减退、利尿剂长期使用后、原发性醛固酮增多症。

2）腹泻、吸收不良、大量维生素 D 的应用、肾上腺皮质激素治疗中，某些药物如庆大霉素、洋地黄等治疗亦可引起血镁水平下降。

四、锌（Zn）

【参考值】

原子吸收分光光度法　7.65～22.95μmol／L

【运动医学意义】

1)运动可明显影响锌的代谢，可引起机体锌的重新分布。

2)运动可使血清锌含量发生变化，变化与运动类型、强度时间因素有关。剧烈运动后，运动致肌肉损伤，锌从肌肉细胞入血，血清锌升高。

3)运动训练可使红细胞锌含量升高。而长期进行大运动量训练可使血清锌含量处于较低水平。

【临床意义】

1）锌缺乏可导致儿童发育迟缓，睾丸萎缩及肝脾肿大。

2）随锌缺乏的不断发展，症状加重，如体重减轻、性腺功能减退、食欲低下、酒精性肝硬化、胃肠功能紊乱、神经精神系统紊乱、反复感染及死亡。

3）镰刀状红细胞贫血亦与锌缺乏有关。

五、血钾（K）

钾离子是细胞内液的主要阳离子，98%的钾离子存在于细胞内，2%分布在细胞外，血钾仅占总量的0.3%。人体肾脏保钾的能力，即使没有钾摄入每日仍排钾30～50mmol。

钾离子的主要生理作用钾可以调节细胞内适宜的渗透压和

体液的酸碱平衡，参与细胞内糖和蛋白质的代谢。有助于维持神经：维持细胞的正常代谢与酸碱平衡、细胞膜的应激性和心肌的正常功能。

【参考值】

3.5mmol/L～5.5mmol/L

＜3.5mmol/L 为低血钾症

＞5.5mmol/L 为高血钾

【运动医学意义】

在运动员中低钾血症：

1）摄入不足：长期控制饮食、减体重者，每天训练丢失的钾不能从饮食中得到补充，时间长即发生低钾血症。

2）皮肤丢失过多：常见于室外训练和比赛者，例如马拉松比赛时出汗过多，运动员注意补充水分却不注意补充含钾的饮料使钾未得到补充，出汗导致血容量不足引起继发性醛固酮增多也是钾丢失的因素。

3）钾分布异常：即细胞外钾移入细胞内，体内总体钾并不缺乏。见于有些运动员服用某些药物时。

4）患有消化道疾病例如急性胃肠炎、急性痢疾等致使消化道丢失钾过多。

【临床意义】

低血钾

血清钾＜3.5mmol/L 为低血钾症，在临床中低钾血症。

1）摄入不足：见于不能进食、偏食和厌食的病人，每天丢失的钾不能从饮食中得到补充，时间长即发生低钾血症。

2）消化道丢失：正常人粪便中约含 8～10mmol/L 的钾，但消化道每天分泌的消化液多达 6000ml，其中钾含量为 10mmol/L，故严重呕吐和腹泻者从大便中丢失的钾很多。长期胃肠减压、胆管引流、服用泻药等都可使胃肠丢钾增多。

3）肾脏疾病：①肾小管疾病：②肾上腺糖、盐皮质激素分泌过多，例如原发性醛固酮增多症、巴特（Bartter）综合征、肾小球球旁细胞瘤（肾素瘤）等。

4）钾分布异常：即细胞外钾移入细胞内，体内总体钾并不缺乏。见于低钾性周期性麻痹、Grayes 病、治疗高钾血症时胰岛素用量过大等。

5）皮肤丢失：高温作业出汗过多，钾未得到补充，血容量不足引起继发性醛固酮增多也是钾丢失的因素。

高钾血症

血清钾离子＞5mEq/L 称为高钾血症，见于：

1）输入含钾溶液太快、太多、输入贮存过久的血液或大量使用青霉素钾盐等，可引起血钾过高。

2）肾排钾减少见于肾功能衰竭的少尿期和无尿期、肾上腺皮质机能减退等。

3)细胞内钾外移见于输入不相合的血液或其他原因引起的严重溶血、缺氧、酸中毒以及外伤所致的挤压综合征等。细胞外液容量减少见于脱水、失血或休克所致的血液浓缩。

六、血钠（Na）

血钠是指血清中钠离子浓度。钠离子是细胞外液（如血液）中最多的阳离子，对保持细胞外液容量、调节酸碱平衡、维持正常渗透压和细胞生理功能有重要意义，并参与维持神经-肌肉的正常应激性。细胞外液钠浓度的改变可由水、钠任一含量的变化而引起，所以钠平衡紊乱常伴有水平衡紊乱。水与钠的正常代谢及平衡是维持人体内环境稳定的重要因素。

【参考值】

136～146mmol/L（酶分析法）

135～145mmol/L（离子选择电极法）

【运动医学意义】

低血钠情况较为为常见，主要有皮肤丢失过多：常见于室外训练和比赛者，例如马拉松比赛时出汗过多，运动员注意补充水分却不注意补充含钠的饮料而使钠未得到补充。此外消化道疾病如呕吐、腹泻等导致丢钠。

【临床意义】

低血钠较为为常见，引起肾钠丢失的病因有：

1）肾脏疾病丢失钠，如肾皮质功能不全、重症肾盂肾炎、糖尿病等。尿钠排出增多，因肾小管严重损害，再吸收功能减低，尿中钠大量丢失。

2）胃肠失钠，如呕吐、腹泻、胃肠道引流、幽门梗阻等。

3）心力衰竭、肾衰、补充水分过多。

4）高脂血症，由于血清中脂质多，钠浓度下降。

5）心血管疾病，如充血性心功能不全、急性心肌梗死等可致低血钠。

6）应用抗利尿激素过多。

7）脑部疾病如脑炎、脑外伤、脑出血、脑脓肿、脑脊髓膜炎等，因涉及一系列神经体液因素而致血清钠降低。

8）大面积烧伤、创伤、皮肤失钠、出大汗后，体液及钠从创面大量丢失，只补充水而忽略电解质的补充等。

9）体内总钠正常而血钠低的病因

（1）糖皮质激素缺乏：一方面使肾水排泄发生障碍，在没有血容量缩减的情况下 ADH 释放也可增多（非渗透压性 ADH 释放）；另一方面肾脏血流动力学发生障碍，在没有 ADH 释放增加的情况下，可使集合管通透性增加。

（2）甲状腺功能减低：是由于心输出量和肾小球滤过率降低，导致以 ADH 为介导的肾内机制发生紊乱。

（3）药物引起的低血钠症：其机制是 ADH 为介导，或增加 ADH 释放，或增强 ADH 的作用。药物有：抗精神病药物，如百忧解，氯丙嗪。

（梁辰、马云编写）

第十章　运动员造血功能指标与意义

一、铁（Fe）

铁是人体所的必需的元素，在人体内铁是以血浆转铁蛋白的形式和血红素的形式存在。因此，测定血清铁了解是否有缺铁性贫血。

【参考值】

成年男子：11.0～30.0 / μmol/L（61～167μg / dl）

成年女子：9.0～27.0μmol / L（50～150μg / dl）

儿童：9.0～32.2μmol/L（50～180μg / dl）

老年：7.2～14.4μmol/L（40～80μg / dl）

【运动医学意义】

增高：

1） 运动尤其是耐力项目红细胞破坏增多，可有轻度的增高，但出现溶血性贫血增高明显。

2）铁的利用率降低，如维生素 B_6 缺乏引起的造血功能减退。

降低：

1）运动员对铁的需要增加又未及时补充。运动使红细胞的代谢周转率加快，运动使肌肉体积增大，肌肉中含铁酶含量增加，表明运动使铁的需要量增大。运动员汗液丢失铁比普通人多，而且运动员膳食铁的吸收率低。运动引起铁代谢加快，使铁的吸收受到影响，并使铁排出增多，这些均增加运动员对铁的需要。

2）机体摄取不足，如运动员营养不良、胃肠道功能紊乱等。

3）机体失铁增加，如女性运动员经期失血过多。

【临床意义】

缺铁性贫血的诊断，铁（Fe）是维持人体正常造血，所必需的重要的微量元素之一；当体内用来合成血红素的贮存 Fe 缺乏使血红蛋白合成减少；而出现的小细胞低色素性贫血，称为缺铁性贫血。

二、叶酸

【运动医学意义】

叶酸可以降低女运动员由于大运动量训练造成的热量流失对健康的伤害。当女运动员在大运动量训练后没有得到充分的营养和热量补充后，会出现诸如闭经、心血管系统疾病等健康问题。叶酸可以在某种程度上弥补这种体能上的入不敷出。每天补充 10 毫克的叶酸，可以改善女性运动员肢体血液循环，增加红细胞总量，使能量达到比较平衡的理想状态。

【临床意义】

叶酸缺乏，会导致巨幼细胞性贫血，也称叶酸缺乏病。

三、维生素 B_{12}

【运动医学意义】

维生素 B_{12} 缺乏时血红蛋白含量减少，加重运动员运动性贫血。维生素 B_{12} 缺乏时可起运动员巨红细胞性贫血。

【临床意义】

1） 促进四氢叶酸循环利用：维生素 B_{12} 缺乏时，5-甲基四氢叶酸转化为四氢叶酸发生困难。四氢叶酸作为一碳单位代谢的辅酶，参与嘧啶、嘌呤核苷酸合成和某些氨基酸代谢。

2）维持神经髓鞘的完整性。

3）临床用于治疗贫血以及神经系统疾病的辅助治疗。

四、血清转铁蛋白（TRF）

转铁蛋白是血清中一种能与“Fe”结合的球蛋白，主要起转运铁的作用。体内仅有 1 / 3 的转铁蛋白呈饱和状态。转铁蛋白主要在肝脏中合成，测定血清转铁蛋白可反映缺铁性贫血等多种疾病。另外，转铁蛋白也是一种急性时相反应蛋白。

【参考值】

正常值：

免疫比浊法：28.6～51.9 μ mol / L （2.5～4.3g / L）。

【临床意义】

转铁蛋白减低：

1）铁粒幼细胞性贫血、再生障碍性贫血。

2）营养不良、重度烧伤、肾衰竭。

3）遗传性转铁蛋白缺乏症。

4）急性肝炎、慢性肝损伤及肝硬化等。

转铁蛋白增高：

1）常见于妊娠期、应用口服避孕药。

2）慢性失血及铁缺乏，特别是缺铁性贫血。

五、血清总铁结合力（TIBC）

正常情况下，血清铁仅能与 1 / 3 的转铁蛋白结合，2 / 3 的转铁蛋白未能与铁结合，未与铁结合的转铁蛋白称为未饱和铁结合力。每升血清中的转铁蛋白所能结合的最大铁量称为总铁结合力，即为血清铁与未饱和铁结合力之和。

【参考值】

男性：50～77μmol / L

女性：54～77μmol / L

【临床意义】

总铁结合力减低：

1）铁蛋白合成减少：肝硬化、慢性肝损伤等。

2）铁蛋白丢失：肾病综合征。

3）铁缺乏：肝脏疾病、慢性炎症、消化性溃疡等。

总铁结合力增高：

1）转铁蛋白合成增加：如缺铁性贫血、红细胞增多症、妊娠后期。

2）转铁蛋白释放增加：急性肝炎、亚急性肝坏死等。

六、血清转铁蛋白饱和度

血清转铁蛋白饱和度简称铁饱和度，可以反映达到饱和铁结合力的转铁蛋白所结合的铁量。

【参考值】

33%～55%

【临床意义】

血清转铁蛋白饱和度减低：

1）常见于缺铁或缺铁性贫血。

2）血清转铁蛋白饱和度减低也可见于慢性感染性贫血。

血清转铁蛋白饱和度增高：

1）铁利用障碍：如再生障碍性贫血、铁粒幼细胞性贫血。

2）血色病：血清转铁蛋白饱和度大于70%为诊断血色病的可靠指标。

七、血清铁蛋白（SF）

铁蛋白是去铁蛋白和铁核心形成的复合物，铁蛋白的铁核心具有强大的结合铁和贮备铁的能力，以维持体内铁的供应和血红蛋白相对稳定性。铁蛋白是铁的贮存形式，其含量变化可作为判断是否缺铁或铁负荷过量的指标。

【参考值】

男性：15～200pg / L

女性：12～150 pg / L

【临床意义】

血清铁蛋白减低：常见于缺铁性贫血、大量失血、长期腹泻、营养不良等。

血清铁蛋白增高：体内贮存铁增加，铁蛋白合成增加，贫血所致继发性增加等。

（马云、梁辰编写）

第十一章 运动员免疫功能指标与意义

免疫系统是机体执行免疫应答及免疫功能的重要系统。这个系统由免疫器官（骨髓、脾脏、淋巴结、扁桃体、小肠集合淋巴结、阑尾、胸腺等）、免疫细胞（淋巴细胞、单核吞噬细胞、中性粒细胞、嗜碱粒细胞、嗜酸粒细胞、肥大细胞、血小板等），以及免疫活性物质（抗体、溶菌酶、补体、免疫球蛋白、干扰素、白细胞介素、肿瘤坏死因子等细胞因子）组成。免疫功能分为固有免疫（又称非特异性免疫）和适应免疫（又称特异性免疫），其中适应免疫又分为体液免疫和细胞免疫。

第一节 运动员细胞免疫检测指标与意义

T 细胞受到抗原刺激后，增殖、分化、转化为致敏 T 细胞（也叫效应 T 细胞），当相同抗原再次进入机体的细胞中时，致敏 T 细胞（效应 T 细胞）对抗原直接杀伤，致敏 T 细胞所释放的细胞因子也起到协同杀伤作用，此过程为细胞免疫。根据功能不同 T 细胞可分为细胞毒性 T 细胞（Tc）、辅助性 T 细胞（TH，CD4 receptor）、抑制性 T 细胞（Ts，CD8 receptor）。

【参考值】

正常成人：

CD_4^+细胞% 28%～58%

CD_8^+细胞% 19%～48%

CD_4^+细胞% / $CD8^+$细胞% 0.9～2.0

【运动医学意义】

1）运动员 T 细胞亚群比例失调

CD_4^+细胞主要发挥辅助和诱导作用（辅助性 T 淋巴细胞），CD_8^+细胞主要发挥杀伤和抑制作用（抑制性 T 淋巴细胞），因此两种 T 细胞亚群若发生比例失调，就会产生机体免疫功能失调，进而导致机体抵抗力下降，对各种疾病易感性增加。在对运动员进行机能评定时，CD_4^+细胞 / CD_8^+细胞的应用更比单独使用其中一项更有意义。

2）大强度训练使 CD_4/CD_8 值下降，CD_4 细胞数量变化比 CD_8 细胞更敏感

大强度运动（大于 75%，VO_2max，持续 60 分以上）后 CD_4^+ 细胞明显下降，低强度运动（30%，VO_2max，持续 60 分左右）后 CD_4^+细胞也减少，但减少的程度和持续时间短。CD_8^+细胞在运动后增高、不变或稍减少。强度越大、持续时间越长的运动，CD_4^+细胞减少的程度就越大。CD_4^+细胞 / CD_8^+细胞的比值显著降低可能反映了机体免疫力的下降。

【临床意义】

1）CD_4^+分子是辅助、诱导T淋巴细胞的标记，在外周血淋巴细胞中的阳性率约为47%，低水平表达于单核细胞和巨噬细胞。

2）CD_4^+分子是HIV的病毒受体，AIDS病人的CD_4^+明显减少。

3）CD_8^+是T抑制细胞和细胞毒T细胞（CTLs细胞）的标记，正常人外周血阳性率低于CD_4^+细胞，约为18%～38%。其数量变化在一定程度上反映了机体的细胞免疫功能，特别是细胞毒介导的免疫损伤。抗CD_8抗体对预防骨髓移植物抗宿主反应有效。

4）测定两者的平衡关系对指导临床有特别的意义。

a.免疫缺陷病，两种细胞都低下表明整体免疫功能低下，体液免疫低下多反映在CD_4^+细胞上，细胞免疫功能低下多反映在CD_8^+细胞上。

b.某些自身免疫病，如SLE的活动期多表现为CD_4^+细胞升高、CD_8^+细胞升高不明显或下降，但比值升高；进行性多发性硬化症患者多见两者都降低，但比值升高。

c.器官移植后的监护，CD_8^+细胞升高，比值缩小时警惕排异的可能。

第二节 运动员体液免疫检测指标及意义

血清免疫球蛋白（Ig）的测定是检查体液免疫功能最常用的方法。

一、血清免疫球蛋白(IgG)

IgG 是血清免疫球蛋白的主要成分，约占 80%。大多数抗菌性、抗毒性和抗病毒抗体属于 IgG，它在抗感染中起到主力军作用。

【参考值】

正常成人：800 ～2000 mg/dl

运动员：800～1600 mg/dl

【运动医学意义】

IgG 含量增高见于：

1）耐力性运动员静息时血清 IgG 含量正常，运动时可以增加，运动后不久即可以恢复正常。

2）15 周左右的中等强度训练可以使 IgG 增加 20%左右。

IgG 含量减少见于：

1）运动员免疫球蛋白 IgG 减低，免疫机能下降。在对运动员进行评价时，如果 IgG 低于参考值下限或在参考值内较低，说明运动员此时免疫力比较低，建议采取免疫机能调节措施（如保暖、针对性的加强营养、药物治疗、调整训练等）。

2）过度训练，运动性疲劳，运动员免疫球蛋白 IgG 减低。长期大强度训练，机体不能恢复，造成运动性疲劳，导致机体免疫力下降，IgG 数量减少。

【临床意义】

IgG 增加见于：

慢性感染、肝脏疾病、蛋白损失性胃肠病、肾病综合征、营养不良、内毒素免疫抑制、使用免疫抑制剂、自身免疫性疾病、恶性肿瘤等。

IgG 减少见于：

先天性 IgG 缺乏或减少，如 Brouton 无丙种球蛋白血症，轻链病等。

二、血清免疫球蛋白 A （IgA）

IgA 是分泌性免疫系统的主要免疫球蛋白。虽然它在血液中及身体的内分泌中浓度低，却是外分泌液中的主要免疫球蛋白，包括泪液、鼻腔分泌液、支气管分泌物、肠分泌物、唾液和胆汁。

【参考值】

正常成人：70～330 mg/dl

运动员：50～190 mg/dl

【运动医学意义】

IgA 下降见于：

1)紧张、过度训练，运动性疲劳使 IgA 含量下降。过度疲劳某种程度上与运动员免疫能力下降有关。在慢性应激基础上的急性运动更容易导致免疫抑制，如长期过度训练后参加比赛。

2)反映机体营养状态欠佳，由于免疫球蛋白在血清蛋白中占有一定比例，它的高低直接反映了机体的营养状态，并且在剧烈运动中有可能把免疫球蛋白用作能量物质，将导致免疫球蛋白的下降。

3) 分泌型 IgA 存在于呼吸道、消化道、泌尿生殖道等处的粘膜，对保护呼吸道、消化道粘膜等机体局部具有重要意义。大运动量训练期间运动员出现上述部位感染时要考虑到是否有此蛋白减低。

【临床意义】

IgA 具有抗菌、抗毒素、抗病毒等作用

1）血清型 IgA 前者主要由肠系膜淋巴组织中的浆细胞产生，包括 IgA1（80%）和 IgA2（20%）两个亚型 2）分泌型 IgA 由呼吸道、消化道、泌尿生殖道等处的粘膜固有层中的浆细胞产生。在大部分外分泌液中，分泌型 IgA（SIgA）对保护呼吸道、消化道粘膜等机体局部具有重要意义。

三、血清免疫球蛋白 M （IgM）

IgM 是初次体液免疫反应早期阶段的主要免疫球蛋白，包括血型抗原的一些抗体，以及对许多细菌和其他微生物的天然抗体。IgM 可以结合补体，在防菌血症方面起到重要作用。

【参考值】

正常成人：40～350 mg/dl

运动员：140～420 mg/dl

【运动医学意义】

IgM 含量增加：

1）适当的耐力训练可以提高 IgM 含量。

2）紧张训练一段时间后，参加比赛前 IgM 含量增加。

3）IgM 是机体感染的早期反应指标，IgM 含量增高提示有新近感染，用于早期诊断。但是伴随着心理和环境应激情况下的剧烈运动可以逆转这些指标。

【临床意义】

1）IgM 是五类免疫球蛋白中分子量最大的，又称巨球蛋白，是个体发育过程中出现最早的免疫球蛋白。

2）主要在脾脏和淋巴结中产生，大多分布在血液里，具有很强的抗感染作用。

其杀菌、溶菌、溶血、促吞噬及凝集等作用是 IgG 的 500～1000 倍。

3）IgM 可中和毒素，亦可激活补体（经典途径），还可引起超敏反应。

四、血清 IgD （IgD）

【参考值】

正常成人：0.1～0.4 mg/dl

【运动医学意义】

运动强度过大，运动性疲劳可导致 IgD 含量下降。随强度的提高，免疫球蛋白降低。由于运动引起免疫球蛋白的改变，致使优秀运动员免疫力下降，易患感冒。

【临床意义】

IgD 升高见于：

IgD 型骨髓瘤、慢性骨髓炎、皮肤感染、流行性出血热、甲状腺炎及吸烟者。

IgD 降低见于：

原发性无丙球蛋白血症、矽肺、细胞毒药物治疗后。

五、血清 IgE （IgE）

【参考值】

正常成人：男 0.03～0.55 mg/dl

女 0.03～0.2g / L

【运动医学意义】

运动员患有运动性哮喘，IgE 可以使肥大细胞和嗜碱性粒细胞致敏，当再次接触变应原时，引发哮喘。

【临床意义】

IgE 增高见于：

IgE 型特发性哮喘、皮炎等过敏性疾病以及 SLE、肝炎、寄生虫病、类风湿性关节炎、嗜伊红细胞增多症、霉菌感染等。

IgE 降低见于：

原发性无丙球蛋白血症、共济失调—毛细血管扩张症、肿瘤及化疗药物应用后。

第三节 白细胞介素 II

运动员免疫活性物质检测指标及意义

白细胞介素是由多种细胞产生并作用于多种细胞的一类细胞因子，白细胞介素在传递信息，激活与调节免疫细胞，介导 T、B 细胞活化、增殖与分化及在炎症反应中起重要作用。白介素-2 是白细胞介素中的一种。主要由活化 T 细胞产生，是具有多向性作用的细胞因子(主要促进淋巴细胞生长、增殖、分化)。它对机体的免疫应答和抗病毒感染等有重要作用。

【参考值】

IL-2：5～15kU / L。

【运动医学意义】

白介素-2 减少见于：

1）长期的耐力练习引起血浆 IL-2 的减少。

2）过度训练、营养不良或者肌肉损伤都会对 IL-2 产生负效应。

【临床意义】

IL-2 增高见于：自身免疫性疾病（SLE、类风湿关节炎等）、再生障碍性贫血、多发性骨髓瘤、排斥反应等。

IL-2 降低见于：免疫缺陷病（艾滋病、联合免疫缺陷病等）、恶性肿瘤、1 型糖尿病、某些病毒感染等。

此外 IL-2 对急性排斥反应和免疫性疾病有诊断意义，可作为病情观察和药效监测的一项指标。

（马云编写）

第十二章　运动员病毒性肝炎指标与意义

病毒性肝炎（viral heptitis）是由多种肝炎病毒引起的常见传染病，由于其具有传染性，运动员在集体生活时需要防止物品、分泌物等引发的传染。目前病毒性肝炎分甲型、乙型、丙型，丁型和戊型肝炎五种。各型病毒性肝炎的确诊主要根据血清中抗原，抗体及其免疫标志物测定。

第一节　运动员甲型肝炎标志物检测与意义

一、甲型肝炎病毒抗原（HAVAg）测定

【参考值】

ELISA 法检测：血清 HAV 颗粒为阴性

放射免疫（RIA）法或免疫电镜（IEM）检测：粪便 HAV 颗粒为阴性。

【临床意义】

HAVAg 阳性见于：

70.6%～87.5%的甲肝患者。粪便中 HAV 或 HAV 抗原颗粒的检测可作为急性感染的证据。

二、甲型肝炎病毒抗体（抗 HAV）测定

机体感染 HAV 后，可产生 IgM、IgA 和 IgG 抗体。HAV-IgM 是病毒衣壳蛋白抗体，HAV-IgA 是肠道黏膜分泌的局部抗体，HAV-IgG 在病愈后可长期存在。

【参考值】

ELISA 法检测：抗 HAV-IgM 和抗 HAV-IgA 均为阴性。

【临床意义】

1）抗 HAV-IgM 阳性是早期诊断的特异性指标。

2）抗 HAV-IgA 阳性是甲肝早期和急性期的指标。

3）抗 HAV-IgG 阳性是甲肝恢复期指标，提示既往感染，反映机体获得免疫力。

三、HAV-RNA 测定

【参考值】

逆转录聚合酶链反应（RT-PcR）法为阴性。

【临床意义】

HAV-RNA 阳性对早期诊断具有特异性。

第二节 运动员乙型肝炎标志物测定与意义

一、乙肝五项测定

传统乙型肝炎病毒标志物检测常为五项联合检测，俗称“乙肝二对半检测”，包括HBsAg、抗-HBs、HBeAg、抗-HBe、抗-HBc。这五项指标依次排序为第一项到第五项；随着方法学发展，HBcAg也被加入检测范围。

【参考值】

各项指标ELISA法为阴性

【临床意义】

1）乙肝五项指标第1阳性：表示是乙肝病毒感染者，伴有第3第5项阳性就是大三阳，伴有第4第5项阳性就是小三阳。但不论上述何种情况，只要伴有第2项阳性就表示乙肝在恢复期，趋于痊愈。

2）乙肝五项指标第2项阳性：表示乙肝已痊愈或有效接种乙肝疫苗后。伴第5项阳性意义基本相同。

3）乙肝五项指标第3、4项阳性：极少见，建议重新复查。

4）乙肝五项指标第5项阳性：在潜伏期肝炎患者，隐匿性肝炎患者，乙肝病毒携带者，痊愈患者，接种疫苗后的健康人中都可能出现单五阳，第五项单独阳性，建议同时检查肝功能。

二、乙型肝炎病毒 DNA 测定

乙型肝炎病毒 DNA（HBV-DNA）是 HBV 的基因物质，是乙型肝炎的直接诊断证据。

【临床意义】

1）HBV-DNA 阳性表明 HBV 复制及有传染性。

2）用于监测应用 HBsAg 疫苗后垂直传播的阻断效果，若 HBV-DNA 阳性表明疫苗阻断效果不佳。

第三节 其它类型肝炎病毒标志物测定与意义

一、丙型肝炎病毒 RNA 测定

【参考值】

1）斑点杂交试验为阴性；

2）RT-PcR 法为阴性。

【临床意义】

1）丙型肝炎病毒 RNA（HCV-RNA）阳性提示 HCV 复制活跃，传染性强；

2）HCV-RNA 转阴提示 HCV 复制受抑，预后较好。连续观察 HCV-RNA，结合抗-HCV 的动态变化，可作为丙肝的预后判断和干扰素等药物疗效的评价指标。

二、丙型肝炎病毒标志物 IgM 测定

【参考值】

1）ELISA 法为阴性；

2）RIA 法为阴性。

【临床意义】

1）急性期 IgM 抗体阳性率略高于 IgG 抗体。

2）IgM 持续阳性常可作为转为慢性肝炎的指标，或提示病毒持续存在并有复制。

3）丙型肝炎病毒抗体 IgG 测定

【参考值】

1）ELISA 法为阴性。

2）RIA 法为阴性。

【临床意义】

1）丙型肝炎病毒抗体 IgG 阳性表明已有 HCV 感染，但不能

作为感染的早期指标。

2）输血后肝炎患者有80%～90%抗-HCV IgG阳性。

3）经常接受血制品（血浆、全血）治疗的患者可以合并感染，易使病变转为慢性、肝硬化或肝癌。

三、丁型肝炎病毒抗原测定

【参考值】

IFA、RIA法和ELISA法均为阴性。

【临床意义】

1）丁型肝炎病毒抗原（HDVAg）出现较早且持续时间短，检测不及时，往往呈阴性反应。

2）HDVAg与HBsAg同时阳性，表示丁型和乙型肝炎病毒同时感染，患者可迅速发展为慢性或急性重症肝炎。

四、丁型肝炎病毒抗体测定

【参考值】

IFA、RIA和ELISA法均为阴性。

【临床意义】

1）抗-HDV IgG 阳性是诊断丁型肝炎的可靠指标，且能够持续多年。

2）抗-HDV IgM用于丁型肝炎早期诊断。

3）HDV和HBV联合感染时，抗-HDV IgM一过性升高；重叠感染时，抗-HDV IgM持续升高。

五、丁型肝炎病毒RNA测定

【参考值】

RT—PcR法为阴性。

【临床意义】

1）HDV-RNA阳性可明确诊断为丁型肝炎。

2）HDV与HBV重叠感染的患者易迅速发展成肝硬化或肝癌。

六、戊型肝炎病毒抗体测定

【参考值】

RIA和ELISA法均为阴性。

【临床意义】

1）抗-HEV IgM阳性为急性感染的诊断指标。

2）抗-HEV IgG阳性提示HEV新近感染，有临床诊断意义。

3）丁型肝炎病毒 RNA 测定。

【参考值】

RT—PCR 法为阴性。

【临床意义】

1）早期诊断感染。

2）对抗体检测结果进行确证。

3）判断病人排毒期限。

4）分子流行病学研究。

第四节 病毒性肝炎指标检测的运动医学意义

运动员多是群体居住环境，队友之间同吃同住，容易造成传染病的传播和小范围的流行。若检查抗体阴性者，建议组织集体注射疫苗。若疑似肝炎病例，请队里做好隔离措施，及早就医。

（梁辰 编写）

第十三章 运动员尿常规指标与意义

一、尿比重（SG）

尿液是人体的代谢终产物，其中约有 97%是水，3%～5%是固体物质。尿比重是指在 4℃条件下尿液与同体积纯水的重量之比，取决于尿中溶解物质的浓度，与固体总量成正比，常用来衡量肾对尿的浓缩和稀释功能的客观指标。

【参考值】

比重计测定法、折射计测定法、试带法：

随机尿或定时新鲜尿标本：成人：1.015～1.025 晨尿大于1.020；新生儿：1.002～1.004。

限制饮水超过 12h＞1.025　24h 尿 1.015～1.025

运动员：1.005～1.030

【运动医学意义】

1）训练后尿比重受多因素影响。

如气温、训练强度、训练持续时间、泌汗、饮水等的影响。如果在夏季进行大强度，长时间的运动，或强度不大但时间长的运动时，由于大量泌汗、尿量减少，会使机体产生大量的代谢产物，因此尿比重可能会有所上升。饮水多时尿量增加，比重下降；饮水少或出汗多时尿量减少，比重上升。

2）短时间小强度运动不会影响尿比重。

运动时由于血液重新分配，肾脏血流减少，故尿量少；短时间运动后，尿量无明显变化，尿比重也无明显变化。

3)机能评定时，采用运动训练后即刻和大运动量训练后的次日清晨进行尿液检查。当大运动量或长时间训练后可引起尿比重增加，但次日如果尿比重恢复到正常范围，可视为机能状态较佳；若尿比重仍高，则要考虑有脱水现象存在；要观察24小时尿量、检查肾功能。

【临床意义】

1） 在水代谢紊乱情况

2） 在非水代谢紊乱情况下，高比重可见于脱水、蛋白尿、糖尿、急性肾炎、高热等。慢性肾功能不全时出现等张尿，比重常固定于 1.020±0.003。近年尿比重有被尿渗量取代之趋势。尿比重＜1.010 时为低渗尿，见于肾浓缩功能受损，如慢性肾小球肾炎、急性肾炎多尿期、尿毒症多尿期等。比重可作为鉴别糖尿病与尿崩症的参考，前者尿量多，比重高，后者尿量多，比重低。

二、尿（PH）

尿酸碱度即尿 PH 值，是做尿常规检查时尿液的酸碱度的值。

【参考值】

正常尿为弱酸性，也可为中性或弱碱性，尿的酸碱度在很大程度上取决于饮食种类、服用的药物及疾病类型。平常饮食条件下，尿 pH 值为 4.6～8.0，平均为 6.0，即正常尿液呈现弱酸性。肾炎、肾结核常见酸性尿，I 型肾小管碱中毒可见碱性尿。

【运动医学意义】

1）运动员尿 pH 异常与饮食关系密切，当进食富含蛋白质食物等荤菜后尿液多成酸性；多吃水果蔬菜，尿液多成碱性。餐后受胃酸分泌的影响，尿多成酸性。

2）大运动量或长时间训练后可引起尿 pH 偏酸，次日可恢复正常范围。

3）运动员尿 pH 检查出现异常时，需几日后复检。

【临床意义】

结合临床疾病的特征，尿 pH 测定能提供相应的诊断依据。

pH 增高

见于代谢性碱中毒或肾小管酸中毒或高钾性酸中毒的反常性碱性尿；

pH 降低

见于代谢性酸中毒或低钾性碱中毒的反常性酸性尿。

因此，尿酸碱度可用于临床的辅助诊断。

三、尿血红蛋白（uHB）

【参考值】

正常成人：阴性

【运动医学意义】

运动员大强度运动训练后,对红细胞造成直接或间接损伤；剧烈运动导致肌肉损伤均能导致尿血红蛋白异常。

尿中有红细胞、尿液搁置时间长也会呈血红蛋白尿，需要留新鲜尿检别。

尿液出现红细胞但置放一段时间后检查时可呈血环蛋白尿，此时因注意留尿后即检。

【临床意义】

尿中出现 Hb 是血管内溶血的证据之一。病因见于：

1）红细胞直接损伤：心瓣膜修复（特别是主动脉）、严重烧伤、剧烈运动、行军、肌肉或其他血管组织的严重损伤；

2）动植物所致溶血：蛇毒、蜘蛛毒、蜂毒、毒蕈；

3）微血管性溶血性贫血（溶血性尿毒症，DIC，肾皮质坏死）；

4）服氧化剂药物：乙酰水杨酸、磺胺、伯氨喹啉、硝基呋喃类、非那西汀；

5）免疫介导：血栓性血小板减少性紫癜、血型不合的溶血性输血反应、阵发性寒冷性 Hb 尿、阵发性睡眠性 Hb 尿；

6）感染：疟疾、黄热病、斑疹伤寒等；

7）所有引起血尿的病因均可出现 Hb 尿试验阳性，如肾结石、肿瘤、中毒、肾梗塞、经尿道前列腺切除等。

四、尿胆红素（BIL）

胆红素是红细胞破坏后的代谢产生。可分为未经肝处理的未结合的胆红素和经肝与葡萄糖醛酸结合形成的结合胆红素。未结合胆红素不溶于水，在血中与蛋白质结合不能通过肾小球滤膜。结合胆红素分子量小，溶解度高，可通过肾小球滤膜，由尿中排出。由于正常人血中结合胆红素含量很低，滤过量极少，因此尿中检不出胆红素，如血中结合胆红素增加可通过肾小球膜使尿中结合胆红素量增加，尿胆红素试验量阳性反应。

【参考值】

正常成人：阴性；敏感度 7～14umol/L。

【运动医学意义】

剧烈运动可能导致运动员的红细胞大量破坏，释放出大量间接胆红素，超出了肝脏的加工处理能力，间接胆红素滞留在血液中，肠道吸收的尿胆原增多，尿胆红素可呈明显改变。

【临床意义】

1）可提示肝胆阻塞：观察尿色和振荡后的尿泡沫均可呈深黄色；在急性病毒性肝炎或药物诱导的胆汁淤积，尿胆红素阳性常出现于黄疸症状之前。

2）临床上，尿胆红素检测仅作为黄疸实验室鉴别的一个项目，实际应用时，还应与血清胆红素、尿胆原、粪胆原等检测结果一起综合分析。

五、尿酮体（KET）

中的酮体是三种不同成分的总称，它们是丙酮、乙酰乙酸和β-羟丁酸，他们是体内脂肪代谢的中间产物。正常情况下产生极少，用我们现行的常规方法检测不出，因此正常人酮体定性试验为阴性。

【参考值】

正常成人：阴性

【运动医学意义】

尿酮体增加：

1）耐力运动员比赛时，酮体含量增加。

短时间激烈运动（如400m跑），体内供能物质主要是糖元，机体动用脂肪酸量极少，故血、尿中酮体含量没有明显的变化。长时间耐力性的运动项目，如越野滑雪、马拉松跑等，由于脂肪酸分解代谢旺盛，机体利用脂肪的能力加强，使酮体增多。

2）提高酮体利用率有助于葡萄糖不足时，机体重要器官供能。

当骨骼肌利用酮体的氧化速度增强时，就能抑制葡萄糖的摄取和利用，使血液中的葡萄糖成分供给大脑和红细胞利用，有利于保持机体的运动能力。同时由于酮体运输不消耗能量，是机体节能的方式。

3）运动训练可提高酮体利用率，增强运动能力

系统的体育训练会使骨骼肌线粒体数量、体积、单位肌肉毛细血管密度、线粒体酶及脂蛋白脂酶的活力增加。因此，训练水平越高，氧化利用脂肪酸的能力就越强。运动员能较多利

用脂肪酸供能而且氧化较完全，此时尿酮体浓度很低。

【临床意义】

尿酮体增加见于：

1）非糖尿病酮尿：婴儿和儿童急性发热、伴有呕吐或腹泻中毒常出现酮尿，新生儿如有严重酮症酸中毒应疑为遗传性代谢性疾病；酮尿也可见于寒冷、剧烈运动后紧张状态、妊娠期、低糖性食物、禁食、呕吐、甲状腺功能亢进，恶病质及麻醉后，糖原累积病（Ⅰ、Ⅲ和Ⅳ型）、活动性肢端肥大症及生长激素、糖皮质激素、胰岛素分泌过度等。

2）糖尿病性酮尿：糖尿病未控制，持续出现酮尿提示有酮症酸中毒。

六、尿蛋白（PRO）

正常情况下，人体尿液里不含蛋白质或只含有微量蛋白质，但当肾脏发生病变时，随血液循环流动的蛋白质流经肾脏时，因为肾脏滤过功能的降低而使蛋白质“漏网”。蛋白质漏进尿液从尿道排出来形成了蛋白尿。尿蛋白越高说明肾脏滤过功能越差，这是衡量肾脏功能的重要指标。

【参考值】

衡量尿蛋白指标的高低需要做 24 小时尿蛋白定量检测，结果出现减号“－”表示呈阴性，是正常情况；出来加号“+”表示呈阳性，加号越多说明尿蛋白越高。具体表示如下：

尿蛋白 < 0. 1g/24h：－；

尿蛋白为 0. 1～0. 2g/24h：±；

尿蛋白为 0. 2～1. 0g/24h：+；

尿蛋白为 1． 0～2. 0g/24h：++；

尿蛋白为 2. 0～4. 0g/24h：+++；

尿蛋白 > 4. 0g/24h：++++。

注：g/24h 表示 24 小时尿液里含有多少克（g）蛋白质。

【运动医学意义】

1）评价运动员机能状态、恢复状态的指标。

评定机能状态：①机能状态好时，完成相同负荷运动量或比赛，尿蛋白相对恒定；机能状态不好时，尿蛋白明显增多。②训练水平提高后，完成相同负荷运动量或比赛，尿蛋白减少。③尿蛋白恢复时间延长说明机能水平下降。

评定恢复状态：①运动后 4h 或次日晨恢复到正常。参考值（一般在 20mg%以下），说明机能恢复。②次日晨仍处于较高水平（一般在 30mg%以上），说明机能未恢复。

2）评定训练强度的指标。

一次性运动后尿蛋白的数量与训练量有关，尤其与训练强度关系密切，因而可用尿蛋白出现的数量来评定训练量，特别是评定训练强度。

在一个训练周期中，可以用尿蛋白作为监测指标，观察运动员对训练负荷的适应情况。在大运动量训练过程中，开始身体不适应时，尿蛋白排泄量增多；继续坚持一个阶段的训练后，在完成相同强度的训练时，尿蛋白又会减少，这是身体适应运动量的表现。如果尿蛋白不减少，反而增加时，就要注意运动员身体状态，酌减训练强度或训练量。在应用尿蛋白来评定训练负荷和身体适应状况时，应做到系统观察。

【临床意义】

1）正常人可在特殊情况下出现蛋白尿，主要见于：

①功能性蛋白尿，体位性蛋白尿（可能为脊柱前门压迫左肾静脉引起）：

②暂时性蛋白尿，可因一时的高热、严寒、剧烈运动以及妊娠等引起。功能性蛋白尿的特点是一过性，且尿中蛋白量增高一般 < 0.5g / 24h，很少超过 1g / 24h。

2）病理情况下，尿中蛋白质持续超过 150mg / 24h 时或持续定性阳性即有临床意义。

①肾小球性蛋白尿：尿蛋白以白蛋白为主，常见于急、慢

性肾小球肾炎、肾小球肾病、糖尿病肾小球硬化症、狼疮性肾炎、过敏性紫癜性肾炎以及肾静脉血栓形成、肾动脉硬化、心功能不全、肾肿瘤等；

②肾小管性蛋白尿：通常以小分子量蛋白为主 （如p2—微球蛋白），常见于：活动性肾盂肾炎、Fanconi综合征、肾移植、镉等重金属中毒等；尿蛋白通常1～2g／24h；

③溢出性蛋白尿；见于血红蛋白、免疫球蛋白或片段产生过多，如多发性骨髓瘤的Bence-Jones蛋白、重链病、轻链病等；

④组织性蛋白尿：由于肾小管蛋白分泌过多或肾组织破坏分解，如Tamm—Horsfall糖蛋白、IgA、粘蛋白等；⑤其他：如下泌尿道感染（膀胱炎、尿道炎）出现尿蛋白为假性蛋白尿。

七、尿潜血（BLD）

血尿分为：肉眼血尿和尿潜血。肉眼血尿的尿液呈褐色或浓茶色。尿潜血为正常尿色，但在显微镜下可见红细胞或仪器检测中呈尿潜血阳性。

【参考值】：

正常成人：阴性

运动员：阴性

【运动医学意义】

1）大运动量和大强度后，可见尿潜血阳性或血尿。

原因是运动使血液的化学成分或血液循环机能产生变化，从而使肾脏产生暂时性缺血、缺氧，因而肾脏通透性增高，使原来不能通过的红细胞也能通过了滤过膜。

2）机体对训练强度不适应时，可见潜血阳性或血尿。

大运动负荷量、大训练强度都可造成尿潜血的出现，它表明机体对训练量不适应，或机体承受负荷量的能力下降。

3）与运动项目和训练环境相关。

在接触性的运动项目如摔跤、拳击及高原训练中更易出现尿潜血。一旦出现尿潜血，就应及时调整训练量。

4）女运动员中出现尿潜血阳性时，应排除月经原因。

【临床意义】

1)若尿潜血阳性同时有蛋白者，首先考虑肾脏疾病和出血性疾病，可进一步做肾功能检查

2）下尿道出血因红细胞未被破坏，潜血可不明显。

八、尿胆原（URO）

尿胆原（全称为尿胆素原），指老旧的红细胞在肝脏或脾脏

会遭到破坏，此时红细胞中的血红素会变成间接胆红素，含在胆汁中输送到肠内（小肠），在肠内被肠内细菌所分解代谢而变成尿胆原。尿胆原大部分会随粪便一起排泄出体外。但一部分会由肠壁吸收回到肝脏，再从肝脏进入肾脏或血液中，随尿液一起排泄，接触空气后变为尿胆素。

【参考值】

正常成人：男性 0.3～3.55μmol/L；女性：0.00～2.64μmol/L；儿童：0.13～2.30μmol/L 运动员：晨尿值小于 2mg

【运动医学意义】

1）大运动量、身体疲劳时，晨尿胆原排泄量增加。

2)机能状态不佳时，晨尿胆原排泄量增加。综合运用尿胆原和 Hb 指标，可以较准确评定运动员机能状态。

①星期一晨起取指血测 Hb，取尿液测尿胆原，测定值是安静值，可以作为运动值和恢复值的对照。

②大运动量训练后次日晨取血、尿，重复进行第一步骤，并记录主观疲劳感。

③结果分析。当 Hb 稳定，尿胆原变化不大，主诉无疲劳感时，表示身体对训练负荷的安排适应。如果血红蛋白值下降，尿胆原排出量增多，晨起主诉有疲劳感时，则应减轻训练

强度或训练量。

④单独使用该指标时，主要用于评定疲劳后机能恢复状态。运动后次日晨取样，若机能恢复，则该值低于 2mg%；若未恢复，则该值升高。

【临床意义】

病理情况下：

1）尿胆原阳性，主要见于肝细胞性黄疸和溶血性黄疸的各种疾病，如各种肝炎、肝硬化、溶血性贫血、巨幼细胞性贫血及充血性心衰；也见于顽固性便秘、肠梗阻、发热等。

2）尿胆原阴性，最常见于阻塞性黄疸性疾病如胆总管结石，肿瘤压迫（如胰头癌）所致阻塞性黄疸。也见于肝细胞性黄疸极期，大量口服肠道抗生素。

九、尿糖（GLU）

尿中的葡萄糖

【参考值】

正常成人： 正常人尿液中可有微量葡萄糖，尿内排出量＜2.8mmol/24h 用普通定性方法检查为阴性。

定性：阴性（—）

定量：＜2.8mmol/24h（＜0.5g/24h）。

浓度为0.1-0.8mmol/L（1-15mg/dl）。

【运动医学意义】

运动员中出现的尿糖多数是属于饮食原因或为一过性。但也有个别运动员经常出现尿糖阳性，不能排除其糖代谢失衡的存在。

【临床意义】

病理性尿糖见于：

1）糖尿病（检验尿糖是诊断本病的依据之一）：世界各地因人种不同，诊断糖尿病的血糖值和持续时间不同。

2）非糖尿病：

①内分泌疾病可出现高血糖和尿糖。垂体和肾上腺疾病如肢端肥大症和Cushing综合征或肾上腺皮质功能亢进和功能性α、β细胞胰腺肿瘤、甲状腺功能亢进、嗜铬细胞瘤。缺乏胰岛功能的胰腺疾病也可出现尿糖如血色素沉着症、肿瘤、胰腺炎和膀胱纤维化。

②肾性糖尿：如家族性糖尿、慢性肾炎、肾病综合征、妊娠性糖尿等，但这些疾病血糖及糖耐量正常。无高血糖的尿糖通常是因肾小管功能障碍（葡萄糖重吸收减少）。Fan-coni综合征、半乳糖血症、胱氨酸尿症、铅中毒、骨髓

瘤都可伴有肾小管功能障碍。

③还见于中枢神经系统疾病、脑肿瘤和脑出血、下丘脑疾病、窒息和因烧伤、感染、骨折、心肌梗死、尿毒症、肝脏疾病、糖原累积症、肥胖、饥饿后进食、某些药物（如皮质类固醇、肾上腺皮质激素、避孕药）也可引起糖尿。

（马云、张建红编写）

第十四章 运动员骨成分和骨代谢指标与意义

第一节 运动员骨密度（BMD）和骨硬度（BMC）检测指标与意义

临床工作中通常用 T 值来判断自己的骨密度是否正常，运动训练或体育锻炼对骨密度的影响：①力量性运动项目的骨密度最高，耐力性运动项目的骨密度最低；男女运动员呈现同类变化。②耐力性项目运动员的骨密度低于正常人，最大摄氧量与 BMD 呈负相关关系。③肌力与骨密度密切相关。④内分泌与骨密度相关。对于女运动员可能是过量的耐力运动，通过下丘脑-垂体-性腺轴间接地抑制卵巢产生和释放雌激素，从而降低血液中雌激素浓度，使骨代谢过程的骨吸收大于骨形成，导致骨密度下降；同样，过量的耐力运动也能使男性下丘脑-垂体-性腺轴功能受到干扰，雄激素水平低下或缺乏可引起成骨细胞和破骨细胞活性平衡失调，使骨吸收大于骨形成，从而导致骨密度下降。

【参考值】

T 值低于－2.5 时为骨质疏松。

【运动医学意义】

1)长期运动无论对于松质骨还是密质骨的骨积累都有积极的促进作用。尤其对于处于生长发育阶段的青少年，适量的运动可通过有效提高骨峰值而减少其将来骨质疏松的发生。

2) 训练可以影响骨密度值，具有正向的促进作用，并影响了身高、体脂百分比与骨密度的相关度。同时骨密度值与体脂百分比成明显的负相关，与体质量、瘦体质量有明显的正相关。内分泌在维持骨骼正常代谢方面起着十分重要的作用。

3)运动对骨的刺激作用导致骨形成相关调节因素和细胞调节因子水平升高，同时降低了骨吸收的相关调节激素和细胞调节因子水平，从而影响骨代谢，促使骨形成大于骨吸收，最终使骨矿含量加强。

4)长期大运动量训练可通过导致闭经而使女运动员骨矿含量 BMC 及 BMD 下降。当运动员月经紊乱时应考虑骨密度降低的可能性，可及时进行骨密度测定，当骨量减少时，可首先通过减少运动量以使月经功能恢复正常，即意味着影响骨量的内分泌的一定程度改善，同时改变饮食习惯，增加热量、钙质及维生素 D 的吸收，可能有一定帮助。特别要提到的是一般骨形成需要 12 周，骨量在 24 周之内不会有明显变化。

【临床意义】

1）人体骨矿物质含量与骨骼强度和内环境稳定密切相关，因而是评价人类健康状况的重要指标。在病理状态下，某些药物可导致骨矿含量改变。骨矿对判断和研究骨骼生理、病理和人的衰老程度以及诊断全身各种疾病均有重要作用。正常人骨矿含量与性别、年龄密切相关。同年龄组不同性别有差异，女性低于男性。同一性别随年龄增长发生相应的变化，35～40 岁以后骨矿含量出现逐渐下降趋势，女性尤为显著。

2）年龄与性别是影响人骨矿含量的因素之一。婴儿至青春期骨矿物质含量随年龄增长而增加，且无明显性别差异。青春期之后，骨矿含量的增加男性较女性显著，30～40 岁达到最高峰值。以后骨矿物质含量随年龄的增长逐渐下降，女性下降幅度较男性大。男性和绝经期前的妇女骨矿含量与身高呈正相关，绝经前和绝经后的妇女骨矿物质含量与体重呈正相关。

3）运动和饮食对人体骨矿含量的影响是相当大的。摄入钙相同的情况下，从事体力劳动的人比不活动的人可保持较高的骨骼健康状态。骨专家的研究表明高钙饮食的妇女其平均桡骨骨矿含量高于低钙饮食的妇女，活动量大而低钙饮食的妇女可保持较好的骨骼指数。所以注意饮食调整，多吃含钙量多的食物，适度体力劳动或运动，可以减少骨量丢失和骨折的危险性。如果年轻人骨矿含量尚未达到高峰值，应采取饮食、药物同时补钙，加强锻炼，使骨矿含量达到高峰值水平。老年人除药物饮食补钙外，适当活动和晒太阳，能使骨矿物质含量提高或不继续降低。

第二节 运动员骨形成标志物检测指标与意义

骨代谢转换包括由破骨细胞介导的骨吸收和由成骨细胞介导的骨形成两个动态变化过程，任何因素导致破骨和成骨失平衡、骨吸收超过骨形成，均可引起骨质疏松。

一、骨钙素（BGP）

是由成骨细胞合成的一种低分子非胶原蛋白，是成骨细胞的特异产物。血中骨钙素浓度与骨形成率相关，故为敏感而特异性强的骨形成指标。

【参考值】

4.8～10.2ug/L

【临床意义】

骨钙素值随年龄的变化以及骨更新率的变化而不同。骨更新率越快，骨钙素值越高，反之降低。骨钙素是成骨细胞合成并分泌的，比较稳定，不受骨吸收因素的影响。

通过血清骨钙素可以了解成骨细胞，特别是新形成的成骨细胞的活动状态。

1）骨钙素升高见于：

儿童生长期、肾性骨营养不良、畸形性骨炎、甲状旁腺功能亢进、甲状腺功能亢进、骨折、高转换率的骨质疏松患者、骨转移癌、低磷血症、肾功能不全等。在原发性骨质疏松中，绝经后骨质疏松症是高转换型的，所以骨钙素明显升高；老年性骨质疏松症是低转换型的，因而骨钙素升高不明显。故可根据骨钙素的变化情况鉴别骨质疏松是高转换型的还是低转换型的。需注意的是甲旁亢性骨质疏松症中骨钙素升高明显。

2）骨钙素降低见于：

甲状旁腺功能减退、甲状腺功能减退、肝病、孕妇、长期应用肾上腺皮质激素治疗等。

二、血清总碱性磷酸酶（TALP）

正常人血清中的碱性磷酸酶属磷酸单酯水解酶，是一组特异的磷酸酯酶。该酶广泛分布于人体组织和体液，以骨、肝、乳腺、小肠、肾中含量较高，其大部分由骨细胞产生，小部分来自肝，经胆汁排入肠道。ALP 测定方法主要是比色法和连续监测法。

【参考值】

（1）酶速率法（37℃）：

成人：40～160U/L；　　儿童：＜350U/L；

（2）磷酸苯二钠法：

成人：3～13Kat 单位；　儿童：5～30kat 单位；

【临床意义】

碱性磷酸酶升高：

1）骨骼组织原因。由于此酶在骨组织中亦很活跃，骨折愈合期、骨质疏松、骨软化症、佝偻病、骨细胞癌等血清碱性磷酸酶会升高。

2）甲状腺功能亢进症，甲状旁腺功能亢进症，慢性肾功能不全，恶性肿瘤（骨、肝转移）等。

3）孕妇

4）碱性磷酸酶主要用于阻塞性黄疸、肝癌、胆汁淤积性肝炎等的检查，阻塞性黄疸、原发性肝癌、继发性肝癌、胆汁淤积性肝炎都会使碱性磷酸酶偏高。

碱性磷酸酶降低：

甲状腺功能减退症、维生素 D 摄入过多、牛奶-碱综合征、坏血病、恶性贫血、重症慢性肾炎、呆小病、恶病质等。

三、尿羟脯氨酸（HOP）

尿羟脯氨酸是人体结缔组织中胶原蛋白的主要成分，约占胶原蛋白的 10%～13%。骨基质中的 95%是由胶原组成。尿中 HOP50%来自骨，也有来自皮肤、补体等。游离的 HOP 大部分经肾小管重吸收，在肝脏中分解为尿素。尿中 HOP 排出的量可以反映骨吸收和骨转换程度，但不特异。

【参考值】

清晨第二次空腹尿：16.6±6.6 mg/g（HOP/肌酐）。

24 小时尿 HOP 测定：15～43 mg（114～300umol）/24h。

【临床意义】

尿羟脯氨酸增高：儿童生长期、甲状旁腺功能亢进、骨转移癌、慢性肾功能不全、畸形性骨炎、高转换的骨质疏松患者、佝偻病和软骨病。

四、血清尿骨胶原/Ⅰ型胶原 C 端肽（Cr/CTXⅠ）

【参考值】

CTX/CR：88～300ug/mM

【临床意义】

1）关节软骨基质包括胶原、蛋白原糖和非胶原蛋白。胶原主要是Ⅱ型胶原，几乎只存在于软骨。Ⅱ型胶原代谢通常非常缓慢，其显著降解通常意味着严重的、不可逆转的关节破坏。CTX-I 是胶原裂解产物，完全来自成熟的结构性胶原，以小肽形式全部进入尿液。

2）研究显示创伤性关节炎患者尿中 CTX-I 水平比健康成人显著增高，尿中 CTX-I 水平高的个体更容易患有具影像学特征的膝或髋关节创伤性关节炎。

五、血清Ⅰ型前胶原羧基端（C2 端）延长肽（PICP）

【参考值】

50～200ug/L

【临床意义】

1）Ⅰ 型前胶原羧基端前肽是骨组织中唯一的胶原，占骨基质的 90%以上。血清中 Ⅰ 型前胶原羧基端前肽的水平是反映成骨细胞活动和骨形成以及反映Ⅰ型胶原合成速率的特异指标。它可以被肝脏吸收，通过上皮细胞甘露糖受体结合而被清除，所以易受肝功能的影响。

2）PICP 是反映成骨细胞活动和骨形成，以及胶原合成速度的特异性指标。伴随骨的形成和吸收的增加，直接促进成骨细胞和破骨细胞活性和数量的增加。成骨细胞及破骨细胞活性增强，从而增加骨的重建，因此反映成骨细胞及破骨细胞功能指标均升高。骨吸收增加幅度明显高于骨形成增加的幅度，而导致骨量丢失。

六、骨吸收标志物

血浆抗酒石酸酸性磷酸酶（Tartratercsistant acid phosphatase，TRAP）

主要存在于骨、前列腺、溶酶体、红细胞、血小板和脾脏中。血浆抗酒石酸酸性磷酸酶主要存在于破骨细胞，而成骨细胞和骨细胞中含量甚少。当骨吸收时，TRAP 由破骨细胞释放入血循环中，所以血浆中 TRAP 水平被认为是骨吸收的一项生化指标，主要反映破骨细胞活性和骨吸收状态。

【参考值】

放射免疫法和酶联免疫法。7.2±1.9 u/L。

【临床意义】

1）血浆抗酒石酸酸性磷酸酶增高见于：原发性甲状旁腺机能亢进、慢性肾功能不全、畸形性骨炎、骨转移癌、卵巢切除术后、高转换率的骨质疏松患者。

2)血浆抗酒石酸酸性磷酸酶降低见于:骨吸收降低的疾病,如甲状旁腺功能降低。

（马云、高璨编写）

第三部分 运动员骨骼肌肉系统常用检查评估与意义

第一章 运动员骨骼肌肉系统常用检查概述

临床骨科医生首要面对的是评估运动员四肢关节和脊柱的结构和功能是否正常，诊疗疾病时不仅要将注意力集中在患者主诉的目的关节局部问题上，还需重视相关的神经和肌肉，甚至临近的其他关节，以确定是否受到影响，做到整体评估。

不同的关节特性不同，检查方法各异，一般按 4 个步骤进行相关资料的采集，避免误诊和漏诊：

一、视诊

可观察采集运动员的一般状态和许多全身性的体征，如发育、营养、体型或体质、意识、表情、体位、姿势和步态等。局部视诊可了解皮肤、黏膜、肌肉、骨骼、关节外形等部分的生长发育情况和明显异常。视诊方法简单但有时可对某些伤病诊断提供重要线索。在视诊时，要求被检查部位应充分暴露。

1. 是否有肿胀　肿胀是弥漫的还是局部，如果肿胀呈弥漫性，观察局限在关节内还是延伸到关节外，局限在关节内肿胀提示滑液过多的关节膨胀、充血性关节膨胀、脓性关节膨胀；延伸至关节外的肿胀可能伴随严重的肢体感染、外伤以及淋巴和静脉回流方面的疾病出现。如果是局部肿胀，则注意与解剖学结构相对应的位置，可能找到线索。

2. 是否有皮下瘀血　可能是由于外伤或者接触性暴力引起皮下出血。

3. 是否有皮肤颜色改变或水肿　提示外伤或感染的局部反应。

4. 肌肉是否萎缩　常为失用的结果。

5. 关节是否变形或错位，是否存在缩短　造成这些异常情况的可能原因很多，需要注意这些异常状况，并在检查过程中进一步详细分析。

二、触诊

触诊是用医生通过手的触觉感受来进行体格检查的方法，通过触、摸、按、压被检查局部、以了解体表组织、肌肉及关节骨骼的物理特征，如温度、轮廓、硬度、触痛、移动度、摩擦感以及畸形等，它可对检查部位是否发生损害提供直观的重要依据；触诊时必需紧密结合触诊部位的相关解剖结构进行具体分析。

1. 关节是否发热　温度升高是弥散性还是局限性，大量组织肿胀会导致温度弥散性升高，在发生化脓和非化脓性炎症的受累关节中普遍存在这种温度弥散性升高，除了关节本身之外，还应注意感染和外伤。局部温度升高一般都可准确确定其下解剖学结构的炎症。当肢体血液循环不良时，通常会造成不对称的肢体冰冷。

2. 是否伴有压痛　注意是弥散性还是局限性压痛。如果压痛弥散性，则病因可能和造成局部升高的原因相同。如果是局限性压痛，则应仔细寻找最痛的部位，可以帮助清楚地确认所涉及的解剖学结构。

三、动诊

动诊是让运动员按照要求进行动作，从动作的完成情况判断是否有损伤存在。能按要求完成动作，没有疼痛出现或异常姿势形态出现为正常。

大部分骨科病例可表现为相关关节运动受限，关节外科消融术（关节固定术）会使关节完全失去运动功能，在部分病变（如感染）中纤维组织将关节表面固定在一起（纤维性强直或骨性强直）也可能导致运动功能丧失，不能主动运动也不能被动运动。在部分病例中，关节丧失了返回原位的运动功能，常见的是固定位屈曲畸形，可能由关节囊、肌肉和肌腱挛缩引起，或者由关节面之间的骨与软组织病变引起。评估关节的运动范围是所有骨科检查中重要的一环。需要对比健侧和患侧来评估，如无法对比进行，则需参考已知的参考值。关节运动受限程度，几乎全部因机械原因引发，所以是病变评估的确切指标。如果控制关节的肌肉麻痹，则必须评估被动活动范围；疼痛或其他因素偶尔也可能会限制主动运动范围，使其小于被动运动范围。有时部分或全部麻痹的关节可在重力或其他部位运动的带动下进行运动，确认存在麻痹后通常还需要判定导致麻痹的原因。

动诊需要测量活动度并记录确切的畸形，检查异常活动度，注意有无捻发音或摩擦感。

必须仔细评估肌肉收缩的力量和各个关节的活动力量并记录。疼痛、失用导致的萎缩、疾病或去神经支配都可能造成肌肉力量的降低。还应当注意因运动障碍或肌肉力量而导致的患病肢体的整体功能下降；如果患病肢体为下肢，则需要对步态进行评估。

四、特殊物理检查

对于大部分关节而言，有很多特殊度物理检查可用于检查某一关节的某些具体功能，其中包括针对某一关节韧带完整性以及针对关节相关结构的检查。同时配合正确使用适当的神经系统检查，可避免漏诊误诊。

第二章　运动员常用关节部位检查与意义

第一节 运动员肩部常用检查与意义

一、视诊

1. 肩部前方视诊　观察是否有：（1）胸锁关节凸起；（2）锁骨畸形，是否光滑；（3）肩锁关节的凸起；（4）三角肌萎缩（腋神经瘫痪）。

2. 方肩畸形　肩关节脱位或腋神经损伤致三角肌萎缩时，肩关节失去正常的圆隆形态，肩峰突出，称方肩畸形。

3. 肩部侧方视诊　观察关节是否肿胀，提示有感染或炎性反应。

4. 肩部后方视诊　观察肩胛骨的形态、位置和大小；是否存在畸形；是否有翼状肩等。

5. 肩部上方视诊　观察肩关节是否肿胀，锁骨是否存在畸形和锁骨上窝是否对称。

二、触诊

1. 前方触诊

（1）骨结构的触诊　包括胸锁关节，锁骨，肩锁关节，肩峰，肱骨大结节和前侧其他骨性结构。

（2）软组织结构触诊　包括斜方肌，三角肌，肱二头肌。触诊是否存在条索、萎缩或肌肉包块，以及软组织部位的其他组织，是否有疼痛存在。

2. 后方触诊

（1）骨结构的触诊　包括肩胛冈，肩胛骨内侧缘，肩胛骨外侧缘

（2）软组织结构触诊　主要是大小菱形肌的触诊

3. 内侧部触诊

主要是软组织的触诊，包括腋部触诊和前锯肌触诊。

4. 外侧部触诊

包括肩袖肌肉和肩峰下滑囊触诊。

三、动诊

1. 主动活动检查

（1）前屈与后伸　肩关节屈曲复合活动的正常范围为0～165度，如活动受限则考虑三角肌、胸大肌、喙肱肌或关节的病变。肩关节后伸的正常活动范围为0～60度，活动受限考虑三角肌、背阔肌、大圆肌和肱三头肌（长头）及关节病变。在运动过程中，如施以反向阻力时感觉疼痛，可能是产生收缩

的肌腱出现损伤。

（2）外展与内收　观察活动是否顺畅，以及活动的范围。肩关节外展复合运动的正常范围是0～170度，活动受限时考虑三角肌、冈上肌和关节的病变。内收运动的正常活动范围是0～50度，活动受限考虑胸大肌、背阔肌、大圆肌等肌肉或关节的病变。70～120度运动弧出现疼痛提示肩峰区有肩袖撞击，疼痛出现在外展地最后阶段，提示胸锁关节或喙肩韧带区域有肩袖撞击，或者来自于肩锁关节骨性关节炎。在运动过程中，如施以反向阻力时感觉疼痛，可能是产生相应运动的肌腱出现损伤。

（3）内旋与外旋　上肢中立位屈肘90度，肩内旋活动范围为50～90度，上臂外展90度时内旋，活动范围约30度。活动受限时除考虑盂肱关节等病变外，主要考虑胸大肌、背阔肌及肩胛下肌的病变。上肢中立位时屈肘90度，肩关节外旋运动一般小于90度，当上臂外展90度时，肩关节外旋约90度。外旋受限或疼痛主要考虑冈下肌、小圆肌和三角肌的病变。在内旋或外旋的过程中，如施以反向阻力时感到疼痛，则可能是内旋肌或外旋肌肌腱损伤引起。

（4）联合运动　摸背运动主要检查肩关节后伸、内收和内旋运动，肩周炎患者不能完成此动作。而冈下肌损伤患者不能将动作从后伸、内收内旋位收回。将患者双手置于头后，并在外展 90 度时检查外旋活动，双侧对比，如患肩周炎则不能完成或该动作受限。

2. 被动运动

（1）前屈与后伸　被动前屈运动由盂肱关节活动以及随后的肩关节复合运动构成，正常范围为 0～180 度。被动后伸复合运动的正常活动范围为 0～60 度。

（2）外展与内收　仰卧位被动外展检查在外展 90 度时需要增大肱骨外旋角度以避免大结节撞击，同样由盂肱关节活动以及肩关节复合运动构成，正常范围 0～180 度。被动内收活动范围为 0～50 度。

（3）内旋与外旋　被动内旋运动于仰卧位，外展 90 度屈肘 90 度进行，正常范围为 0～70 度。被动外旋体位同内旋运动体位，正常范围是 0～90 度。

四、特殊检查

1. 肩关节结构的稳定性和完整性检查

（1）Dugas 征——提示肩关节脱位

（2）肩关节前后抽屉试验——提示肩关节前方不稳或后方不稳

（3）肩关节下方不稳——陷凹征，常表明肩关节存在多

向不稳定

2. 肩锁关节稳定性检查

（1）肩锁关节交叉屈曲试验——肩关节外展 90 度，上臂屈曲位向胸前交叉，肩锁关节疼痛为试验阳性，考虑肩锁韧带损伤。

（2）肩锁关节剪切试验——患者坐位，检查者双手交叉扣置于肩关节的前后方，双手掌挤压肩胛冈和锁骨，使肩峰和锁骨发生相对位移，出现疼痛或反常活动为阳性，表明病损发生在肩锁关节。

3. 撞击检查

（1）Neer 撞击试验——患者手臂在肩胛骨平面强制被动抬高，同时检查者将患者手臂向内旋转。这种被动应力导致大结节在肩峰下缘被“卡住”。阳性试验提示冈上肌过度收缩损伤，有时也是二头肌腱。如果本试验手臂向对侧旋转时也是阳性，检查者需进行肩锁关节分离试验。

（2）Hawkins-Kennedy 撞击试验——将患者手臂向前屈曲 90 度，然后强制向内侧旋转肩部。对于冈上肌肌腱的双侧（单侧）或者继发损伤，出现疼痛则为阳性。

（3）撞击试验——患者坐位，检查者将患者手臂外展 90 度，充分向侧方旋转。检查阳性说明肩部有 II 级到 III 级损伤，基于 Jobe's 分级。

（4）逆转撞击征（撞击缓解试验）——本试验主要用于当患者出现疼痛弧或者外旋时疼痛者。患者仰卧，检查者将患者手臂外展外旋，向下推动肱骨头，如果当重复活动时肱骨头的压痛减轻或者消失,则可以认为存在肩峰下的机械损伤存在。

（5）后内方撞击试验——这种类型的撞击常出现在那些经常双手高举过头的运动员中。患者仰卧，检查者将患者肩部外展 90 度，前屈 15～20 度，最大限度的外旋，如果肩部后方引出固定压痛点为阳性，提示关节盂后缘损害。

4. 肌腱检查

（1）肱二头肌肌腱不稳试验（Yergason 试验）——肩外展 90 度，屈肘 90 度时肌腱被固定于肌腱沟内，检查者将一手置于结节间沟上方，内旋肩关节，如肌腱在沟内不稳定，可感觉到肌腱从沟内滑出，同时还伴有弹响。

（2）肱二头肌长头完整性试验——患者适当屈肩屈肘，检查者一手托住患者肘部，另一手握住腕部，嘱患者抗阻屈肘，如肱二头肌肌腹出现球形隆起，说明长头断裂，需要两侧对比。

（3）落臂试验——患者站立或坐位，检查者将患者肩关节外展到 90 度，伸肘位，嘱患者缓慢将上肢放回身旁。如患者完成该动作时出现疼痛，不能控制上肢，出现上臂突然下落为试验阳性，提示存在肩袖损伤。

（4）冈上肌撞击试验（Hawkin 试验）——患者站立，肩外展 90 度，检查者内旋患者肩关节，运动时感疼痛为阳性，提示冈上肌损伤。

（5）冈上肌肌腱检查——患者坐位或站立，面对检查者，患者肩外展 90 度，前屈 30 度，前臂内旋，拇指向下，嘱患者向上抬患肢，同时检查者双手置于患者肘部上方反向对抗，如出现疼痛提示冈上肌肌腱疾病。

五、运动员常见损伤及表现

1. 撞击综合征

肩袖和三角肌下滑囊在盂肱关节活动时可能受压，产生疼痛和肩胛胸壁关节活动障碍，常位于肩峰下，在 70～120 度外展情况下出现疼痛弧。压迫也可发生在肩锁关节下方或喙肩韧带深部，导致最后 30 度外展时疼痛弧出现。

2. 肩袖撕裂

对于年轻的运动员患者，常因为剧烈的运动损伤引起肩袖撕裂。肩袖冈上肌区域为最常受累的区域，表现为患者手臂在外展点初始阶段外展困难。其他肩袖撕裂的病例，在外展时肩袖撞击肩峰，引起活动的疼痛弧。

3. 肱二头肌长头腱腱鞘炎

由于肩关节的活动，使肱二头肌长头腱在结节间沟、肩峰下间隙的前部反复磨损、撞击而发生退变。过度劳损或外伤可引起急性或慢性炎症、腱鞘组织纤维化及粘连等，产生肩痛、活动受限。

4. 钙化性冈上肌腱炎

肩袖反复损伤后的退行性病变可同时伴有局部钙盐沉积。在这个过程中，尽管在 X 线下单改变很明显，但是可能没有临床症状。可是，有时钙化物质会导致三角肌下囊的炎性改变。剧烈的失能性疼痛有可能会突然发生；肩部出现急性疼痛，通常会肿胀、摸起来发热，需与急性感染或者痛风的急性发作相鉴别。

第二节 运动员肘部常用检查与意义

一、视诊

检查时采用两侧对比法，比较肘部对称情况，注意其外形改变、皮肤情况、肿胀情况、畸形特点和关节是否强直等。

1. 肘关节肿胀　观察是否有肘关节积液，肘关节慢性肿胀，以及肘关节周围肿胀。肘关节肿胀是多种肘部疾病的共同表现，尺骨鹰嘴和肘后肱三头肌肌腱两侧及肘前部肿胀，提示关节内有积液、滑膜肥厚关节附近的局限性肿胀常位于关节外；肘关节的长期慢性肿胀常合并肌肉萎缩。

2. 提携角的检查　检查时患者伸双侧肘关节，掌侧向前，左右对比观察。正常值男性为 5～10 度，女性为 8～15 度。超过正常范围为肘外翻，小于正常范围为肘内翻。

3. 肘部畸形的检查　肘关节内、外盒后侧皮下脂肪少，稍有异常就能发现。主要是骨折畸形和脱位畸形。

二、触诊

肘关节触诊时，患者应处于放松位置，坐位更易于进行，检查者触诊时用力需要适中稳定,不必过于用力触诊深部组织。

1. 皮温和包块　有助于确定急性还是慢性炎症，以及包块性质，骨性还是软组织，是否为囊性包块，有无波动、压痛、弹性感，并观察其大小、范围、光滑度和活动度。

2. 肘部压痛点　包括外上髁，内上髁，尺骨鹰嘴，肱桡关节和肘窝部检查，注意压痛部位的解剖结构，提示可能有损伤的组织结构。

3. 肘后三角　肱骨内、外上髁和尺骨鹰嘴构成的三角形，应为等腰三角形。如出现肘关节脱位，此三角关系发生改变。当肘关节伸直时，上述三点在一条直线上，称肘直线，肱骨髁上或内、外髁骨折时，此线位置异常或不在一条直线上。

4.髁干角　正常肱骨长轴与内、外上髁连线成直角关系，此角称为髁干角。当肱骨髁上骨折，内、外髁骨折，或先天性发育异常，髁干角成钝角或锐角。

5. 肘部“酒窝”触诊 正常情况下肘关节伸直时，其后外侧出现的凹陷为肘部酒窝，此乃桡骨小头部位。检查时，将患者肘关节屈曲到 90 度，检查者一手握患者手或腕部，使前臂作旋前、旋后活动，另一手触诊凹陷处，能感觉到桡骨小头在手指下活动，并有弹性浮动感，触痛则提示桡骨小头损伤。

6. 尺神经沟检查 用示指滚动肱骨内上髁尺神经沟内到尺神经观察双侧是否有异常改变，如有异常，则需要全面检查尺神经的功能。

三、动诊

正常肘关节运动时，肱尺、肱桡两关节均同时作程度不等的运动，不论哪个关节发生病变，都会对肘关节的运动造成障碍。前臂旋前旋后活动，主要在饶尺关节的近侧和远侧关节间进行，其次为桡骨小头与肱骨小头间关节的活动。

1. 肘关节伸直运动检查 肘关节伸直下垂于躯体一侧为中立位，上臂和前臂在一条直线上，完全伸直为 0 度。肘关节伸直超过 0 度为过伸，15 度内为正常，女性多见。

2. 肘关节屈曲运动检查 患者屈肘触摸同侧肩关节，两侧对比。区区范围正常值为 145 度，关节部位骨折和关节炎患者屈曲受限。

3. 肘关节旋转运动检查　患者双肘紧靠胸壁，手握木棍，旋前和旋后，双侧对比。旋前正常角度约 75 度，旋后正常约 80 度。肘部脱位骨折、前臂骨折等损伤都可使前臂旋转活动范围减小。

4. 肘部肌肉检查　嘱患者对抗检查者进行屈肘、伸肘、旋后、旋前的运动，检查屈肘肌、伸肘肌、旋后肌、旋前肌，双侧对比判断肌力等级。如果出现疼痛或减弱，提示相应肌群功能减弱或有损害发生。

四、特殊检查

1. 前臂伸肌张力试验（Cozen 试验）——屈曲肘关节，尽量将前臂旋前，然后伸肘，如肱骨外上髁出现疼痛提示网球肘存在。

2. 前臂伸肌牵拉试验（Mills 试验）——尽量伸直肘关节，前臂旋前，手握拳掌屈，肱骨外上髁疼痛提示网球肘存在。

3. Thomsen 试验——嘱患者紧握拳背伸腕关节、伸肘，当患者背伸腕关节时检查者用力抵抗并使之掌屈，肱骨外上髁疼痛多提示网球肘。

4. “高尔夫球肘”试验——屈肘，将手旋后，然后伸肘，肱骨内上髁疼痛提示高尔夫球肘。

5. 肘关节稳定性检查——伸肘至屈肘 30 度位检查肘内、外翻不稳，施加相应的内、外翻应力，感觉是否有内、外侧间隙的增宽。阳性则提示出现内、外侧结构的损伤。

五、运动员常见损伤及表现

1. 网球肘

压痛点位于肱骨外上髁、前臂伸肌的起点和桡骨小头附近，主动伸腕时出现疼痛。通常认为，该病是由伸肌总腱起点处的劳损引起，但也有人认为桡侧腕短伸肌的纤维变性或神经卡压综合征是另外一个可能的原因。

2. 肘关节内侧不稳

肘关节内侧不稳好发于投掷运动员，因技术动作使肘关节承受很大的外翻应力，如标枪运动员和棒球运动员，内侧副韧带会出现变薄或者撕裂。

第三节　运动员腕部常用检查与意义

一、视诊

腕关节由掌腕关节、腕中关节、桡腕关节和下尺桡关节组成的复合关节，具有传导应力以及屈伸、偏斜、旋转和回旋等功能。检查时应将两手同时放在桌面上比较。

1. 腕关节畸形　腕关节畸形多因出现骨折或者脱位，其中桡偏常见于Colles骨折，尺偏常见于类风湿性关节炎。尺侧茎突突出常见于Colles骨折，腕关节掌侧移位畸形见于Smith骨折，背侧移位畸形见于Colles骨折。

2. 腕关节肿胀　腕部和掌侧同时肿胀，相互交通有波动感，常见于掌侧复合腱鞘囊肿。局部肿胀多见于腱鞘囊肿。腕、手背及手指肿胀，皮肤发亮，广泛疼痛和压痛，并伴有关节僵硬，是典型的Sudeck萎缩，见于Colles骨折或腕部损伤后遗症。腕部桡侧肿胀，见于桡骨茎突狭窄性腱鞘炎，常需结合其他检查。

3. 腕部肌肉萎缩　有无大鱼际、小鱼际肌肉萎缩，有无手术切口或疤痕，有无前臂肌肉萎缩，单侧多考虑损伤后的废用性萎缩，双侧广泛萎缩常见于神经病变。

二、触诊

触诊时患者应处于放松体位，坐位检查时，患者上肢放在检查桌上，手处于解剖位。

1. 下尺桡关节压痛——腕部骨折容易导致下尺桡关节损伤，需要检查是否有压痛和分离征。

2. “鼻烟窝”压痛——此区压痛舟骨骨折常见，但实际上许多腕部扭伤和其他微小损伤也会出现此处压痛。

3. 拇长展、拇短伸肌腱鞘处压痛——局限在此位置的压痛一般提示有桡骨茎突狭窄性腱鞘炎，在桡骨的背外侧肌腱腱鞘显著增厚。

4. 腕掌正中神经压痛——腕部正中压痛，伴随着手指和手的外侧感觉异常，提示有腕管综合征。

5. 腕部尺神经压痛——腕部尺神经处压痛并伴有感觉异常，提示尺管综合征。

三、动诊

1. 腕关节背屈筛查试验（Screening 试验） 患者双手垂直合起并抬高肘部到水平，低于水平位一侧为阳性，提示背屈活动受限，常见于 Colles 骨折后出现的腕部僵硬。正常背屈范围为 75 度，女性可大于此值。

2. 腕部掌屈筛查试验（Screening 试验） 患者将双手手背合拢，然后将前臂置于水平位。正常范围为 75 度，如大于此角度时时应进一步检查腕和手过度活动的其他症状。

3. 关节松弛度检查 让患者将拇指尽量贴近前臂，测量其间隙，17.5 岁平均间隙为 4.5cm，随年龄增大而增大。关节活动范围过大常见于 Ehler-Danlos 综合征、Marfan ‘s 综合征、骨结构不良等病

4. 腕关节桡偏运动检查 手掌尽量偏向桡侧，测量前臂和手掌中线的夹角，正常值为 20 度。

5. 腕关节尺偏运动检查　手掌尽量向尺侧偏斜，测量前臂和手掌中线的夹角，正常范围为35度。

6. 腕关节旋后筛查试验（Screening试验）　患者将双侧肘关节紧贴于身体两侧，手握小木棍，旋后至最大幅度，双侧对比。测量小木棍与垂直线之间的夹角即是旋后角度，正常范围80度。

7. 腕关节旋前筛查试验（Screening试验）　患者将双侧肘关节紧贴于身体两侧，手握小木棍，旋前至最大幅度，双侧对比。测量小木棍与垂直线之间的夹角即是旋前角度，正常范围75度。

8. 腕关节摩擦感检查　下尺桡关节摩擦感在旋前、旋后腕关节时出现，关节紊乱时常有摩擦感，多见于Colles骨折后；桡腕关节摩擦感在背屈、掌屈、桡偏、尺偏腕关节时都能出现，常见于舟骨骨折、桡骨远端骨折等，在腕骨各关节间并不常见；腕部伸肌腱滑动摩擦感在伸肌腱腱鞘炎炎时最明显，听诊器局部听诊可听到很有特点等刺耳的声音。

四、运动员常见损伤及表现

1. 腱鞘囊肿

腱鞘囊肿及其常见于腕部和手部，很多病例腱鞘囊肿与腕关节和腱鞘联系极小。有些腱鞘囊肿呈球形，质地坚硬，与其他结构没有明显的连接。微小的这种类型的腱鞘囊肿常见于手指。腕部背侧桡腕关节处的小腱鞘囊肿，需要在腕关节掌屈的时候才能见到局部隆起和疼痛。

2. 桡骨茎突狭窄性腱鞘炎

腱鞘炎累及拇长展肌和拇短伸肌时被称为桡骨茎突狭窄性腱鞘炎，靠近桡骨外侧的纤维腱鞘壁显著增厚，通常腱鞘壁下显著肿胀，主动活动时疼痛，握拳无力。

第四节 运动员手部常用检查与意义

一、视诊

主要检查手的大体形态，皮肤及营养状况，有无畸形。

1. 休息位　正常情况下，手部不发力时，内在肌和外在肌的肌张力处于相对平衡状态，称“休息位”。腕关节背伸约 10～15 度，并有轻度尺偏。手指的掌指关节及指间关节呈半屈曲状态，从食指到小指，越向尺侧屈曲越多，手部损伤的诊断需要用休息位做参考。

2. 功能位　手在此位置能很快作出不同动作，并与更好的发挥功能。功能位指腕背伸 20～25 度，拇指处于对掌位，掌指关节和指间关节微屈，其他手指稍微分开，掌指关节和近侧指间关节微屈曲。在外伤包扎时，需要尽可能度将手处于功能位。

3. 手部畸形　注意观察手部有无先天性畸形、锤状指、钮孔畸形、猿手畸形（手的两个横弓消失，大鱼际萎缩，掌心平，拇指伸直与其他手指在同一水平面，且不能对掌，食指与中指常伸直不能弯曲，形如猿手。见于正中神经损伤）、爪形手畸形（骨间肌和小鱼际肌群出现萎缩和麻痹，呈现爪形畸形。见于尺神经损伤）、垂腕畸形（不能伸腕、伸拇、伸指及外展拇指，呈现垂腕畸形。见于桡神经损伤）等情况。

4. 肿胀　弥漫性肿胀提示范围广泛的感染和血液循环障碍。如肿胀严重，可出现皮肤发亮，起水泡，应注意有无骨筋膜室综合征。局限性肿胀多为局部炎症、外伤或肿物，应注意有无红肿，分清急慢性损伤。

二、触诊

利用触诊可以感觉皮肤的温度、弹性、软组织松软程度，也可以检查手手部是否有异常的肿块或结构存在。

1. 感觉手指掌侧或手掌的出汗情况和皮温，双手对比

2. 手指各个关节是否有增厚、压痛、水肿和皮温增高，压痛存在的关节侧向移动如果有开口感，提示关节囊损伤。

3. 将每个手指向手掌折叠，然后让患者自己重复这个动作。主动活动多丧失通常提示有神经或肌腱的不连续，被动活动丧失提示有关节或者肌腱的粘连，或有关节炎存在。

三、动诊

包括主动活动和被动活动，注意两侧对比。

1. 掌指关节活动度　正常活动度为 0～90 度，通常可以被动地过伸至 45 度。

2. 近侧指间关节活动度　正常活动度为 0～100 度

3. 远侧指间关节活动度　正常活动度为 0～80 度

4. 拇指指间关节活动度　正常活动度为屈曲 80 度，过伸 20 度，总活动范围 100 度

5. 拇指外展活动度　正常活动度为 60 度

6. 拇指掌指关节活动度　屈曲 55 度，过伸 5 度

7. 手指总体活动范围检查　通过抓、拿和握拳等动作可以检查到所有的手指。正常握拳时手指末节可以“卷入”并接触到手掌，呈 90 度角，如果有活动受限，很明显可以被检查出来。

四、特殊检查

1. 肌腱损伤检查　如果怀疑指深肌腱损伤，固定手指，患者主动弯曲指间，末节不能弯曲则为阳性。指浅屈肌腱损伤，固定患指之外所有手指于完全伸直位，以抵消指深屈肌作用，不能完成近侧指间关节的屈曲动作。拇长屈肌和拇长伸肌肌腱检查，固定住近节指骨让患者屈或伸指间，不能完成则说明功

能肌肉的肌腱出现问题。让患者伸直所有手指，如果有手指不能伸直，而指关节并无活动受限的情况下，则提示有伸肌腱断裂。（Elson 中央束试验）屈曲近侧指间关节靠在桌子边缘，固定近节指骨，让患者伸近侧指间关节，如能伸直，说明中央束完整。若不能伸直近侧指间关节，远侧指间关节紧张并伸直，则中央束断裂。

2. 拇指轴向研磨检查　轴向碾磨拇指，如出现腕掌关节处疼痛，提示拇指腕掌关节关节炎或不完全脱位。

五、运动员常见损伤及表现

主要是肌腱和腱鞘损害，通过外伤视诊或触诊，结合肌腱损伤的相应检查，以诊断断裂的肌腱。

1. 锤状指　是手指远节指间关节处于屈曲位畸形，可以是不完全屈曲或完全屈曲。患者的远节指间关节不能背伸或者不完全背伸。通常是由于外伤后伸肌腱在接近远节指骨止点处断裂或是肌腱附着处撕脱造成。

2. 钮孔畸形　由于附着于中节指骨基底部的伸肌腱中央束断裂，使近指间关节屈曲而远指间关节背伸，运动员多由于撕脱造成。

3. 扳机指　是由肌腱纤维鞘增厚或者屈肌腱结节状增厚引起。

第五节 运动员髋部常用检查与意义

一、视诊

观察髋前后有无肿胀、畸形，臀部、大腿、小腿肌肉有无萎缩，肢体长度是否等长，站立姿势、行走步态是否正常，有无骨盆倾斜。

1. 卧位检查　检查腹股沟及臀部有无脓肿和窦道，是否有屈曲、内收、内旋畸形，平躺是否有腰椎代偿性前凸

2. 站立位检查　前方检查骨盆有无倾斜，髋关节内收或外展畸形、肢体短缩、脊柱侧弯等原因都可引起骨盆倾斜；观察有无肌肉萎缩，提示有可能存在费用性萎缩或继发于慢性感染。侧方检查腰椎有无前凸增大，任何程度等腰椎前凸增大都提示髋关节屈曲僵硬畸形。后方检查有无脊柱侧凸，臀肌、大腿、小腿萎缩。

3. 步态检查　检查时应从前方、侧方和后方观察步态，需要评估步幅等具体客观指标，寻找步态出现变化的原因。

1）跛行　行走时患肢不敢负重，负重相时间缩短，形成保护性跛行。主要见于髋关节疾患及下肢任何部位的疼痛。

2）步态异常　双侧臀中肌麻痹行走时骨盆两侧交替起伏，躯干左右摇摆，称为鸭步。单侧臀肌失效，行走时不能固定骨

盆，健侧骨盆上下起伏让躯干摆动以维持身体平衡。行走时患肢向前迈步须转动躯干，才能起步，行走时非常呆板，故称呆步，提示髋关节强直。后脊髓损伤综合征患者，行走时双足间距加大，每一只脚在摇摆中拖拉于地面行走，称为拖步。

4. 畸形

1）髋关节屈曲、内收、内旋畸形　髋关节后脱位，同时伴有患肢短缩。

2）髋关节屈曲、外旋、外展畸形　髋关节前脱位，同时伴有患肢短缩。

3)髋关节屈曲内收挛缩畸形　髋关节急性或慢性感染等早期，因该体位髋关节腔容积最大。

4）髋内收畸形　先天性髋内翻

5）髋外展畸形　先天性外展性挛缩，由于外展肌群挛缩，患肢呈外展位，肢体较健侧长。

5. 肢体短缩

1）真性短缩　受累侧肢体实际长度短于对侧肢体，可能由于股骨大转子以上或近端病变或转子间远端病变所致。包括髋内翻，关节软骨消失，髋关节脱位，以及骨折。

2）假性短缩　外观缩短但肢体长度并未发生改变，是由于髋关节的内收挛缩所致，可以通过骨盆倾斜来代偿。多数情况下骨盆倾斜代偿肢体不等长，而骨盆倾斜又要被腰椎侧凸代偿。

二、触诊

1. 髂脊触诊　触诊双侧髂嵴高度，检查高度是否对称。提示下肢长度不对称、骨盆倾斜或骶髂关节异常。

2. 髂前上棘　触诊髂前上棘，检查高度是否对称。不对称提示髂骨旋转、髂前下棘撕脱等异常。

3. 耻骨结节　触诊双侧是否对称，有无触痛、分离及上下错位，提示骶髂关节半脱位或脱位，以及外伤性耻骨联合分离

4. 大转子　触诊压痛提示可能存在大转子滑囊炎或梨状肌综合征，高度不等则可能是由于下肢不等长所致。

5. 坐骨结节　压痛或囊性肿物提示有坐骨结节滑囊炎存在，或腘绳肌起点损伤

6. 内收肌起点　长收肌起点在运动损伤和髋关节骨关节炎内收肌挛缩时可有触痛。

7. 髂腰肌止点触诊　触及小转子后外旋下肢，髂腰肌损伤时可有压痛。

8. 股三角触诊　触诊相应结构，检查是否有压痛或痉挛，以确定损伤等具体结构。

9. 缝匠肌　屈髋、屈膝、外展、外旋髋关节时可在大腿内侧触及，检查是否有压痛或痉挛。

10. 长收肌　下肢外展并抗阻内收，阻大腿近段内侧可触及，检查是否有压痛或痉挛，有无抗阻疼痛。

11. 梨状肌　髂后上棘与尾骨的连线的中点至大转子尖连线示梨状肌下缘，若损伤可触及条索引发疼痛。

三、动诊

1. 髋关节主动伸直功能检查　患者仰卧，将患侧髋关节屈曲，嘱其将患肢放回检查床以检查髋关节主动伸直功能。

2. 髋关节后伸活动范围　患者俯卧，检查者一手固定骨盆，一手分别抬起双侧下肢，对比双侧活动范围，正常范围 5～20 度。

3. 髋关节伸肌检查　患者俯卧并伸直膝关节，对抗检查者给予的向下的阻力抬高检查侧大腿，肌力减弱或疼痛出现在臀大肌或腘绳肌痉挛、坐骨结节滑囊炎等。

4. 髋关节主动屈曲运动检查　患者仰卧，主动屈髋，膝关节尽可能靠向胸部，不引起骨盆后部旋转。

5. 髋关节屈曲活动范围　患者仰卧，健侧髋关节屈曲使腰椎前屈消失，并且稳定骨盆，保持这一姿势，屈曲患侧髋关节，检查在屈髋过程中有无骨盆进一步移动，正常屈髋范围大于 120 度。

6. 髋关节屈肌检查　主要检查腰大肌、髂肌。患者坐位屈髋时在膝关节正上方施以向下的力对抗屈髋，可双侧对比。

7. 髋关节外展活动范围　检查时固定骨盆，向外移动下肢并记录移动范围。正常范围 40 度。

8. 髋关节外展肌检查　主要是臀中肌，臀大肌和梨状肌检查。患者侧卧下侧肢体屈髋屈膝，上侧下肢伸直中立位，对抗检查者在下肢远端给予的向下的阻力，可双侧对比。

9. 髋关节内收活动范围　髋关节屈曲 90 度位，向内收下肢，髋关节可越过对侧下肢，正常范围 25 度。

10. 髋关节内收肌检查　患者侧卧中立位，抬起一侧下肢，检查者将两手至于两个膝盖内侧，对抗患者并拢腿部的力量，如出现疼痛可见于长收肌损伤。

11. 髋关节屈曲 90 度位内旋活动范围　患者仰卧屈髋屈膝 90 度，向外移动足部使髋关节内旋，测量下肢和中线的范围，正常为 45 度。

12. 髋关节内旋肌检查　患者俯卧屈膝,旋转两侧小腿远离对侧下肢，对比双侧活动范围。

13. 髋关节屈曲 90 度位外旋活动范围　患者仰卧屈髋屈膝 90 度，将小腿向内移动，正常在 90 度屈曲位时外旋范围为 60 度。

14. 髋关节外旋肌检查　患者坐位双膝屈曲,检查者握住踝关节上方，向上向对侧膝部旋转小腿，梨状肌损伤时，外旋时抗阻可引起疼痛，需要进一步进行梨状肌试验。

15. 梨状肌试验　患者仰卧位髋、膝关节屈曲，检查者将患者大腿及膝关节推向内侧，并让患者向检查者胸部对抗用力，出现疼痛为阳性。

四、特殊检查

1. Thomas 征　患者平卧，使腰椎紧贴床面，尽量屈曲健侧髋关节，如果对侧髋部随之抬离床面，则表示髋关节伸展功能受限。主要见于髂腰肌痉挛或髋关节屈曲挛缩畸形

2. Trendelenburg 试验（单腿独立试验）　让患肢站立，若需要支撑则须在同侧使用，要求患者把非站立位抬高，躯干不能过度移位（C7 垂直线不能落在站立足的外侧），如骨盆低于水平或不能保持稳定 30s，则为阳性。见于臀肌麻痹或肌力减弱，臀肌抑制（来自髋关节的疼痛），来自髋内翻的臀肌效能降低，发育性髋关节脱位。

五、运动员常见损伤及表现

1. 弹响髋　在髋部活动时会发出类似“咔嗒”的异常响声，声源主要来自髂胫束和髂腰肌的肌腱连接处。

2. 大转子下滑囊炎　股骨大转子处疼痛，患肢常处于屈曲、

外展和外旋位，可继发于弹响髋。

第六节　运动员膝部常用检查与意义

一、视诊

可在膝关节伸直位和屈曲位下分别进行，包括是否存在肿胀、皮肤色泽改变、皮下淤血、瘢痕等，两侧要进行对比。

1. 膝关节肿胀　膝关节可能由于关节腔内过多的滑液、积血产生肿胀，判断是否肿胀需要双侧对比。局部肿胀提示积液、关节积血、积脓或其他关节占位损伤，广泛性肿胀提示感染、肿瘤或较重的损伤。

2. 膝关节畸形　正常情况下，两膝的股骨内髁和两侧的胫骨内侧髁于伸直时相接触。若两侧胫骨内髁分开，则为膝外翻。正常可有1～10度的生理外翻，女性可有10度以上的生理外翻，当外翻角度超过生理外翻角时称为膝外翻。相反方向称为膝内翻。膝反屈（膝过伸）可由于前交叉韧带断裂或松弛，也可因专项训练要求造成。

3. 肌肉萎缩　膝关节器质性损伤或病变常导致膝关节活动受到障碍，引起股四头肌，特别是股内侧肌的萎缩，是膝关节器质性病变的标志。

4. 膝部包块　可分为软组织包块和骨性包块。常见的软组织包块有腘窝囊肿、半腱肌、股二头肌囊肿、半月板囊肿，常见骨性包块是膝关节骨赘。

二、触诊

触诊应分别在仰卧位和俯卧位、伸膝和屈膝状态下分别进行。包括皮温变化、包块、骨性结构和软组织，是否存在压痛点等，需要两侧对比进行。

1. 关节间隙触痛　沿关节间隙推压，此区域局部触痛常常见于半月板、侧副韧带和脂肪垫损伤。

2. 侧副韧带触痛　仔细检查侧副韧带全长包括上下附着点，淤血和肿胀是急性损伤的重要特点。

3. 膝关节常见压痛　胫骨结节压痛，常见于发育期青年运动员；髌尖压痛见于髌腱急慢性损伤，抗阻伸膝时可诱发疼痛；股四头肌肌腱压痛常见于股四头肌疲劳慢性损伤，好发于 11 点和 1 点部位。

4. 股骨髁压痛　充分屈膝，在股骨髁上寻找触痛点，常见于骨软骨炎。

5. 膝关节骨赘　常见于骨关节炎或骨折移位产生的畸形愈合。

6. 腘窝触诊　触诊腘窝有无肿胀和皮温改变，局部结构的张力等。

7. 膝关节摩擦感　当膝部病变引起关节软骨破坏缺失时，关节面不平整，膝关节屈伸活动可扪及摩擦感，常见于软骨破坏，骨关节炎，骨折等。

三、动诊

1. 伸膝　伸直位为中立位，即伸直 0 度。

2. 膝过伸　伸膝超过 0 度为过伸，过伸 5～10 度为正常。

3. 屈膝　从伸膝 0 度开始，测量屈膝角度，屈曲 135 度和 135 度以上为正常，但需要进行两侧比较。许多因素能引起屈曲受限，最常见的是关节积液。

4. 膝关节病变时髋关节检查　检查膝关节时一定要检查髋关节，尤其有严重、诊断不清的疼痛时，避免将髋痛误认为是膝痛。可在屈髋 90 度位检查旋转功能。

四、特殊检查

1. 浮髌试验　用食指和拇指挤髌上囊积液向下，另一手拇指和另外 3 个手指指尖垂直放在髌骨上，朝下面的股骨快速按压，如果髌骨撞击股骨髁发出咔哒声，提示有积液存在。

2. 积液诱发试验　挤压膝关节内侧使关节腔内过多的液体移向外侧，同时仔细观察内侧，积液通过关节腔使内侧又膨胀起来则为阳性，但如积液过多，张力过大可出现假阴性。

3. 髌骨加压研磨试验　将髌骨向股骨髁处施压并向上、下、左右推移研磨髌骨，当髌股关节退变时，可触及粗糙摩擦感，并伴有疼痛。

4. 旋转挤压试验　患者仰卧位，检查者一手按住患膝，另一手握住踝部，将膝关节完全屈曲，足跟抵住臀部，然后将小腿极度外旋外展，或内旋内收，在保持这种应力的情况下，逐渐伸直，在伸直过程中伴有相应挤压部位疼痛，提示半月板损伤，疼痛伴响声考虑半月板破裂。注意排除不伴有疼痛的先天性盘状半月板。

5. 前后抽屉试验　仰卧屈膝 90 度，足平放于床面，检查者双手握住小腿上端，在旋转中立位、外旋 15 度和内旋 30 度位，分别向前、后推拉小腿，两侧对比。如前移活动度增大，提示前交叉韧带断裂或松弛，后移活动度增大，提示后交叉韧带断裂或松弛。

6. Lachman 试验　检查时膝放松，屈曲 15 度，检查者一手固定股骨，另一手向前提起胫骨，如胫骨向前移位，则试验阳性，提示前交叉韧带断裂或松弛。

7. 侧方应力试验　先将膝关节完全伸直，然后屈曲至 30 度位，分别作膝的被动外翻和内收检查，双侧对比，若出现疼痛并伴有侧方异常活动，则提示相应的内或外侧副韧带损伤；

内侧副韧带直束应力试验采取屈膝 15 度位。

五、运动员常见损伤及表现

1. 创伤性滑膜炎 由于外伤时滑膜受到撕扯而产生，可伴有关节积血。如穿刺液体为血性，提示关节发生了器质性损害。

2. 膝关节韧带损伤

内侧副韧带损伤 需要相当大的暴力如关节过度外翻时才会使内侧副韧带完全损伤，如果暴力相对小一点，会造成部分韧带断裂，通常位于近端附着点附近。如果暴力强大，整个韧带的深层部分会完全断裂，随后依次发生断裂带是韧带浅层、内侧关节囊、后方韧带、后交叉韧带，有时最后会包括前交叉韧带。急性内侧副韧带完全撕裂将导致膝关节严重不稳，膝关节可变成外翻状。内侧副韧带撕裂可能伴有外侧胫骨平台骨折，须格外注意。

外侧副韧带损伤 来自膝关节内侧的撞击会造成外侧副韧带损伤，并使膝关节呈内翻畸形。最常见的损伤部位在腓骨附着点。如同内侧副韧带损伤时一样，外力继续增加将损伤后关节囊乃至交叉韧带。另外，腓总神经液可能发生牵拉损伤。同时须留意检查伴发的内侧胫骨平台骨折。

前交叉韧带损伤 常见于膝关节过伸暴力，前交叉韧带功能受损时最常见的联合损伤是内侧半月板撕裂，有时这种情况是由于不断加剧的拉伸和磨损造成，暴力最大时还会同时伤及内侧副韧带。常见并发症是持续的关节前侧旋转不稳和继发的骨关节病。

后交叉韧带损伤　当膝关节屈曲状态下胫骨被猛地向后撞击所致，常见并发症是持续的关节后方旋转不稳和继发性骨关节炎。

3. 半月板损伤　腿在屈曲状态下承载体重再发生旋转挤压受损，旋转挤压的方向决定了受损部位。被卡住的半月板常常纵向劈裂，它的撕裂的游离缘被拉向关节中央（桶柄状撕裂），这使得关节不能完全伸直（生理性关节绞锁），如果试图伸直膝关节会感到伴有疼痛的弹性抗阻（“弹性完全伸直受阻”）。

4. 髌骨外脱位　常见于女性运动员，尤其是Q角过大合并股骨外侧髁发育不良的情况。髌骨向外侧脱位，呈现明显畸形。也可能是一过性，脱位随即自行复位。

5. 髌骨软化症　常由于稳定性不足而过度使用造成，也可能继发于其余膝关节结构损伤之后。常见症状是膝前慢性局部病变性疼痛，上下楼梯时症状加重。如长期延误治疗，可造成剥脱性骨软骨炎，可继而形成关节游离体。

6. 脂肪垫损伤　常由膝关节过伸挤压造成急性损伤，而长期反复损伤容易造成脂肪垫的增生，更容易发生挤压。

第七节 运动员足踝常用检查与意义

一、视诊

需要观察患者步态，在不穿鞋的情况下，观察足骨的排列是否正常，是否有骨或软组织的畸形存在。

1. 踝部 是否存畸形，是否有瘀伤青肿，如果有肿块，注意是弥漫性还是局限性的，还需要注意肿胀是否是双侧，避免遗漏全身性病因。

2. 足部 观察足的外形，有无明显畸形，有无异常老茧形成。从上方、后面及两侧观察足部负重姿态。

3. 足背 第五跖骨处基地部是否肿胀、突出，足背是否有肿胀。

4. 拇趾 是否有拇外翻畸形，有无第二趾趾间关节半脱位，有无拇滑囊肿胀增厚，有无异常老茧形成。

5. 足趾 是否有鸡眼或胼胝，以及槌状趾、爪状指等畸形。

6. 跟腱 是否挛缩或形成其他畸形。

7. 足外翻 有足外翻畸形提示可能有腓骨肌痉挛性扁平足，足外缘疼痛损伤，如外翻不明显则可能是扁平足。

8. 足内翻 有足内翻时多提示高足弓或前足疼痛。

9. 扁平足 站立位的足弓消失，舟状骨突出，检查者的手指塞不进足底。

10. 足跟检查　平足常伴足跟外翻，高足弓常伴足跟内翻。让患者用足趾站立，检查者观察足跟，足跟姿态正确提示距下关节活动度正常，姿态异常提示距下关节活动度受限。

二、触诊

1. 皮温和颜色　皮温增高考虑急性损伤，肤色青紫有瘀斑提示韧带撕裂或断裂。

2. 动脉触诊　检查足背动脉、胫后动脉的搏动是否减弱或消失，动脉搏动正常可排出明显的局部缺血。

3. 压痛　损伤后如出现踝部局限性压痛，需要排除骨折；扭伤后，疼痛往往是弥散的，沿韧带纤维出现压痛，当伴发踝关节滑膜炎时，会出现踝关节间隙的广泛压痛。如下胫腓韧带撕裂，在距小腿关节间隙正上方会有压痛。跟腱附近的压痛要考虑附近肌腱及腱鞘的损伤。第五跖骨基底部在踝关节扭伤时易出现撕脱性骨折，需要及时触诊鉴别。使足处于强迫跖屈位置，触诊距骨上关节面的前部。关节炎、距骨骨软骨炎时压痛阳性，足球踝患者触诊时可能会发现一触即痛的外生骨疣。籽骨炎时第一跖骨头下的籽骨压痛阳性。

三、动诊

1. 距小腿关节运动　从 0 位测量跖屈，这个 0 位基准线与小腿呈直角，正常范围 55 度。测量背屈度，常做双侧比较，正常 15 度。如果背屈受限，弯曲膝关节如果活动度能恢复到正常范围，说明仅是由于跟腱过分紧张，如果没有差异，则可能存在关节病理改变。

2. 足旋后运动检查　让患者保持髌骨正对上方，将足底对着另一只足，测量形成的角度。正常范围约 35 度，是距下关节、跗间关节和跗跖关节活动的总量。

3. 足旋前运动检查　患者两足底相对，髌骨垂直，足外翻，测量形成的范围，正常约 20 度。

4. 足跟外翻　患者俯卧，足置于床沿外，检查者外翻足跟，通过足跟的位置判断距下关节活动范围，正常范围约 10 度。

5. 足跟内翻　患者俯卧，足置于床沿外，检查者内翻足跟，正常活动范围约 20 度。活动范围不足意味着距下关节僵硬。

6. 跖趾关节背伸检查　拇趾背伸，测量其角度，正常范围约 65 度。

7. 跖趾关节屈曲检查　屈曲拇趾，正常范围为 40 度。

8. 趾间关节运动检查　指间关节的运动范围，背伸正常范围 0 度，趾屈正常范围 60 度。

9. 足趾运动检查　足趾所有度运动都可通过足趾弯曲和伸

直度角度改变来粗略评价，不必精确测量每个动作的活动范围。

四、特殊检查

1. 距腓前韧带负荷试验　患者俯卧，在足跟部用力下压，观察距骨是否前移，常伴随跟腱任何一侧皮肤的凹陷，提示距腓前韧带断裂。

2. Thompson 检查　被检查者俯卧位，将足部放置于检查床之外，握捏小腿后侧腓肠肌，不能出现距小腿关节的跖屈运动则为阳性，说明跟腱断裂。

3. 足迹检查　通过足印的面积，评价为正常足，扁平足，弓形足（高足弓）。

4. 踝部向前拖拽检查　距腓前韧带松弛或不稳定，甚至跟腓韧带和距腓后韧带损伤

5. 距骨倾斜检查　患者坐姿，双腿自然下垂。检查者一手握住患者内踝近端，另一手呈杯状捧住患者后足部，缓慢对后足部施加内翻的力量，如距胫关节发生倾斜移动，则为阳性，提示距腓前韧带或跟腓韧带扭伤或断裂。

6. 足底筋膜炎检查　检查者一手对患者拇趾施加背屈的力量，触诊足部跖侧的内侧跟骨粗隆部分，并沿跖膜触诊，诱发疼痛为阳性，提示足底筋膜炎或腱膜功能障碍。

五、运动员常见损伤及表现

1. 踝关节外侧副韧带损伤　一般在距小腿关节内翻时发生损伤。在不完全撕裂伤中，仅仅一部分纤维断裂（距小腿关节扭伤）。此类损伤在踝关节损伤中最为多见。

2. 踝关节内侧副韧带损伤　内侧韧带十分坚韧，如果受到距小腿关节受损压迫，该韧带往往会撕裂内踝，而不是它自身的撕裂，但是撕裂还是会发生，往往出现在与外踝骨折相连时。临床多见内侧副韧带的轻微损伤。

3. 下胫腓韧带损伤　当足背屈时，腓骨远端向外侧移动，与距骨上关节面相适应。当下胫腓韧带损伤时会导致腓骨向外移位以及距骨的外移，在踝关节损伤的早期应当尽早发现，及时处理。

4. 跟腱病变　在运动员中很常见。通常是由于肌腱反复过度超负荷牵拉引起，这种牵拉对肌腱的损伤已超过自身的恢复能力。跟腱病变包括跟腱炎、跟腱退变以及跟腱腱围炎。他们导致与下肢运动有关的局限性疼痛，严重的肌腱病变甚至出现进行性的距小腿关节跖屈无力，并伴有踝关节功能损害，某些病例甚至可以出现自发性肌腱断裂。

5. 急性外伤性跟腱断裂　多见于患有肌腱退行性改变的运动员，足部突然跖屈或者在背伸过程中遭遇外力所导致。表现为功能受限、肿胀和疼痛，一般需要手术治疗。

6. 腱鞘炎　平衡线后的腱鞘炎性改变会引起距小腿关节两侧疼痛。腱鞘炎可能与异常的过度活动或者退行性改变、扁平足等有关。沿着肌腱出现水肿压痛，范围达数厘米。胫骨后肌和腓骨长肌常常受累，在足内翻、外翻时对这些结构的拉伸引起疼痛，自发性断裂少见。

7. 足球踝　距小腿关节前部局限性疼痛可由足部反复的被动跖屈动作引起，导致距小腿关节前关节束撕裂。这种情况常常在足球运动员身上出现，因为这种动作对他们而言很常见。受损区域因撕脱伤出血引起钙化，在距小腿关节侧位片上可见软骨瘤样特征性表现。

8. 扁平足　扁平足可能与足弓支撑结构的退化有关，芭蕾舞者以及许多职业足球运动员会出现特殊的扁平足，不影响生活和训练。

9. 足底筋膜炎　又称跖筋膜炎，与跖筋膜在跟骨内侧结节处的反复牵拉以及退化性变性有关。初期跖筋膜内侧束出现牵拉性骨膜炎，引起局限性足跟痛；病情第二阶段胫后神经受到影响，导致系列症状和典型的跗管综合征；第三阶段，胫后肌腱受到影响，引起其行走区、内踝后及其附着的舟状骨压痛。

第八节 运动员脊柱常用检查与意义

一、视诊

检查时应先观察脊柱的生理弧度是否正常，棘突是否在一条直线上，两侧肩胛骨下角连线与两侧髂嵴连线是否平行，两侧肩胛骨距中线是否对称；从枕骨结节向地面作垂线，此线应通过骶骨中线和肛门沟。若有脊柱侧凸，侧凸最明显部位多为原发性侧凸，患者常有一反方向的继发性侧凸。

（一）颈部

颈部视诊　锁骨上窝对称性，头部有无偏斜，面部是否转向一侧，胸锁乳突肌是否挛缩

（二）胸腰部

1. 侧位视诊　有无过度后突，是否有成角畸形

2. 前屈视诊　患者向前弯腰，检查脊柱活动度，观察是否有曲度增加。

3. 伸直位视诊　患者伸直上身并将两肩向后展开以保持伸直姿势。观察脊柱有无后凸，以及后凸的程度。

4. 腰椎后伸　椎间盘突出及椎关节强硬患者后伸可诱发疼痛。

5. 胸腰部后凸畸形　可见于强制性脊柱炎，若角状后凸畸

形提示椎体骨折。

6. 腰椎曲度观察　曲度变直或反曲常见于腰椎间盘突出、脊柱骨性关节炎以及强制性脊柱炎，脊柱、髋、膝关节屈曲状（猿猴姿势）提示椎管狭窄。

7. 腰椎曲度增大　腰椎曲度增加可能是正常表现，如 L5 棘突突出，提示脊椎滑脱，可引起继发性胸椎后凸和髋关节屈曲。

8. 腰骶部脂肪垫或片状毛发增生　提示脊柱裂。

9. 侧方弯曲　最常见的脊柱侧弯是保护性侧弯或继发于腰椎间盘突出的倾斜，注意肩膀和臀部是否水平。

10. 坐位侧方弯曲检查　如坐位侧方弯曲消失，应进一步检查比较双下肢长度，侧弯可能是由于下肢短缩造成；如坐位侧方弯曲仍存在，向前弯腰，如侧弯消失，提示为静态活动性侧弯，多数为姿势性侧弯；如向前弓腰侧弯依旧存在，提示为固定性侧弯（结构性脊柱侧弯），如果可见弓起突出的肋骨，则可确诊为脊柱侧弯。

二、触诊

（一）颈部

1. 颈部后侧触诊　从枕骨部向下检查后中线是否有压痛，压痛位于一个间隙者，多见于颈椎病，然后检查两侧是否有肿块和压痛。

2. 锁骨上窝触诊　检查两侧是否有不对称，是否有颈肋以及肿大淋巴结。

3. 颈前部　触诊颈部前侧，检查包括甲状腺在内的结构是否有异常。

（二）胸腰部

1. 腰部后侧触诊　压痛位于脊柱腰椎椎体之间常见于椎间盘突出患者，但多认为无法解释病情且可靠性差；压痛位于腰肌区域，多见于因椎间盘突出或机械性背部疼痛导致的肌肉保护性痉挛；压痛点位于骶髂关节处也可见于机械性背部疼痛和骶髂关节损伤。

2. 站立位触诊　在患者站立位下，用法指间沿脊椎下滑直到骶骨，触及台阶感考虑脊椎滑脱。

3. 脊椎叩诊　让患者向前弯腰，自颈椎根部向骶椎逐一轻叩各个椎体，出现叩击痛提示椎体骨折或骨质侵害。

三、运动检查

（一）颈部

1. 前屈　向前弯曲颈部低头，正常情况下下巴可触及胸锁关节。

2. 后伸　坐姿保持上身正直，在维持胸部和腰部不动度情况下向后仰头，正常情况下鼻子和前额的连线应达到与水平线平行。

3. 侧屈　将头向一侧倾斜，正常情况下轻微耸肩即可使耳朵触及肩膀，如果寰枢椎和寰枕关节有病变，患者不能在保持颈部伸直的情况下侧屈颈部。

4. 旋转　嘱患者向两侧肩膀看，正常情况下下颌可落于肩膀所在平面。

5. 范围测量　口咬压舌板做指示，前屈时与水平线所成夹角正常为 80 度，后伸正常为 50 度，侧屈 45 度，旋转 80 度。

（二）胸腰部

1. 站立位前屈　让患者向前弯腰并尽量让手指接触足趾，观察脊柱活动的平滑程度，观察是否有活动受限的节段，注意是否有髋关节屈曲受限。脊柱最大屈曲活动范围约 45 度发生在胸椎，60 度发生在腰椎。

2. 站立位背伸　检查者辅助固定患者多骨盆，向后拉其肩膀，让患者后伸脊柱。椎间盘突出或椎间关节损伤多可诱发疼痛。后伸角度很难用量角器准确测量，理论上最大后伸度数在胸椎为 25 度，腰椎为 35 度，正常总体后伸度数为 30 度。

3. 站立位侧屈　让患者轮流用双手大腿向下滑动，比较两侧指间可以达到的位置或距离地面的高度。测量 T1 与 S1 连线与垂直线之间多夹角，侧屈平均活动度为双侧各30度，其中胸椎和腰椎活动度各占一半。

4.坐位旋转　让患者坐下，向两侧旋转，测量肩膀所在平面和骨盆所在平面之间多夹角，正常最大夹角为40度，旋转活动几乎全部发生在胸椎。

四、特殊检查

1.霍夫曼（hoffmann‘s）试验　轻弹中指远节指腹，快速伸展远节指骨，如拇指和食指指间关节屈曲则为阳性，显示皮质丘脑束障碍。

2.椎间孔挤压（Spurling）试验　患者坐位，头部伸展30度，检查者用轻微至中等的力量，从患者头顶向下压，形成轴向的压力。引起疼痛或麻木，并且向一侧上肢或两侧上肢放射，呈神经根分布，此为阳性。表示颈椎度某根神经根受到刺激。如果在颈部出现固定部位疼痛时，可能表示脊椎小关节的疾病或者后侧脊椎结构的疾病。

3.臂丛神经牵拉（eaton）试验　患者坐位，头微屈，检查者立于患者被检查侧，一手推头部向对侧，同时另一手握该侧手腕作相对牵引，此时臂丛神经受牵拉，若患肢出现放射、麻木，则为阳性。多见于神经根型颈椎病患者。

4.上臂缺血试验　外展、外旋肩关节，肘关节屈曲90度，双手缓慢地反复握拳3分以上，可诱发更明显的神经、血管症状，以及桡动脉搏动消失。提示胸廓出口综合征。

5. 桡骨倒错反射　这是一项特异性很高的试验，表现为在诱出桡骨反射的同时手指屈曲。提示脊髓型颈椎病。

6. 直退抬高试验及其加强试验　将患者下肢抬离床面，当出现疼痛时停止，明确疼痛确实来源于背部或腿部，而不是由于腘绳肌紧张所致（如无疼痛，则为阴性），患者出现感觉异常及神经根性放射痛具有明确的诊断价值，提示有椎间盘突出产生神经根激惹。双侧对比。如出现疼痛，放低下肢直到疼痛消失，此时背屈足部，如加重疼痛和感觉异常，则为加强试验阳性。

五、运动员常见损伤及表现

1. 颈部挥鞭样和过伸损伤　挥鞭样损伤最经典的致伤原因是突然的后方撞击。不完全挥鞭样损伤，造成损伤的原因主要是过伸损伤。多数患者X线片上颈椎序列正常，如颈椎受到的过伸力过强，也有可能出现椎体前缘的撕裂骨折。有些患者可出现累及椎骨钩突关节的细小骨折。尽管如此，脊柱出现明确的病理改变并步常见，多数患者表现为非器质性损伤。各种严重程度的症状均可出现，常见的有颈部疼痛和僵硬，有时可伴有上肢甚至下肢神经受累表现。

2. 胸廓出口综合征　常见的引起臂丛压迫症状度情况是纤维束纠结、斜角肌在颈根部止点的变异以及颈肋。常出现严重的手部触觉异常，最常见于小鱼际，其次常见于腕掌部。有时伴有症状性焦虑及手部多汗。桡动脉搏动可消失，也可出现血管损伤征象。有些患者随着症状的加重，可出现肩胛带肌张力下降，出现肩部下垂的表现。

3. 椎间盘突出　常见的椎间盘突出类型是半液体状的髓核从撕裂的纤维环处突出，这种突出程度受纤维环周围的纤维等完整性（包括脱垂）所限制。其他情况下的髓核突出更加明显，突出的髓核组织可完全脱离原椎间盘位置（游离型椎间盘脱出）。虽然影像诊断能提供十分有价值的信息，但更重要的是这些检查需要与患者的病史和临床表现一致。纤维环撕裂是导致背部疼痛的原因，腰肌保护性痉挛也可加重疼痛，受累椎间隙有压痛。肌肉痉挛常导致腰椎生理曲度丧失，活动度下降，以及出现保护性脊柱侧弯。突出的髓核常压迫神经根，导致坐骨神经痛、下肢感觉异常等症状。

4. 椎管狭窄　指椎管的矢状径变小，压迫马尾神经及相应的神经根，可同时有神经根管狭窄。主要表现为背部酸痛和晨僵，休息后缓解，活动后加重。偶见暂时性运动麻痹或神经性跛行，行走或运动后下肢疼痛、抽筋及感觉异常。患者可有下肢无力及不稳。间歇性跛行等行走距离差异较大，前屈脊柱或坐下可以迅速缓解疼痛。注意鉴别血管功能不全导致的跛行。

5. 脊椎滑脱　直立位下，L5 相对于骶骨面有向前滑脱的倾向，L5-S1 椎间盘并不是处于水平位置，而是有一个向前倾斜的角度，当 L5 向前滑移则诊断为脊椎滑脱。脊椎滑脱常可导致患者下腰部疼痛并向臀部放散。

第九节 运动员骨盆常用检查与意义

一、视诊

检查女性患者时，应有家属或其他医护人员在场。

1. 常规内容　有无淤血瘀斑、有无毛发分布异常、有无血肿脓肿，肌肉萎缩、痉挛、异常包块、隆起，臀沟是否对称。

2. 骨性结构　骨盆平面是否平行、对称，站立时双下肢及躯干有无倾斜，有无畸形、强迫体位等。

3. 步态　疼痛步态：患肢负重时疼痛，步态表现不稳，患肢触地相缩短，双足触地相延长，提示疼痛；肢短步态：一侧肢体短缩小于 3cm 时可以通过骨盆倾斜代偿而不出现跛行，短缩超过 3cm 时，骨盆、躯干向患侧倾斜、摆动，患侧较健侧步距小，提示肢体短缩；Trendelenburg 步态（鸭步）：行走时由于髋外展肌无力，健侧骨盆下降和患侧肩倾斜，骨盆倾斜增大以代偿躯干的高度倾斜，通过对侧侧腹肌调节以恢复平衡，躯干向着地侧倾斜则为摇摆步态。双侧髋外展无力时，发生双侧摇摆步态，称为鸭步；扶臀挺腰步态：患者手撑住患侧臀部，躯干后仰，挺腰鼓腹行走，身体重心移到髋关节后方，借助髋关节前方肌肉与髂股韧带的紧张来保持平衡，多见于臀大肌瘫痪；强直步态：一侧髋关节伸直位强直时，患者需要转动骨盆才能使患肢向前跨步。双侧髋关节强直时，需转动骨盆，并借助膝、踝关节的摆动才能跨出一小步。一侧膝关节伸直位强直时，健侧足跟踮起，患侧骨盆升高，患肢向外绕一弧形才能跨出一步。

二、触诊

触诊局部有无皮温升高或疼痛，软组织有无痉挛、肿块或囊肿，有无摩擦感及骨质异常现象。

三、运动检查

1. 站立位前屈检查　检查者以双手拇指放在患者髂后上棘下，活动过程中始终保持接触。让患者尽可能前屈，观察两侧髂后上棘点活动，正常两侧活动相等。如有一侧先活动，则为活动减少的一侧。但如果腘绳肌过紧，会出现假阳性。

2. Stork 试验　站立位检查，检查者以同侧拇指放在患者髂后上棘下，另一手拇指放在髂后上棘内侧，嘱患者屈髋屈膝90度，以检查髂后上棘相对于骶骨的活动，对侧重复，对比两侧活动度。

3. 屈膝坐位前屈检查　患者双足着地，直腰坐在椅子上，检查者以双手拇指放在患者髂后上棘下，让患者尽可能前屈，观察两侧髂后上棘的相对活动，先活动的一侧可能是活动性减少的一侧。

4. 骶骨后前方弹压检查　患者俯卧，检查者以手掌作为接触点放在骶骨后面中部，向前直接按压骶骨直到不动为止，检查骶骨的前后活动性。

四、特殊检查

1. 骨折检查　直接按压试验：在耻骨联合上直接施加压力可在骨折处诱发疼痛；骨盆挤压试验：患者仰卧，检查者双手置于两侧髂骨翼上向中间挤压，可诱发骨折处疼痛；骨盆分离试验：患者仰卧，检查者双手交叉，置于两侧髂前上棘，向两侧施力，可诱发骨折处疼痛。注意用力不可太大，否则可加重原有损伤。

2. 髂胫束、臀肌挛缩检查　髋内收试验：患者健侧卧位，上方肢体屈膝90度，在尽量内收髋关节的同时屈曲髋关节，在屈髋过程中膝关节若在其中任何一点不能触及下方肢体或床面为阳性，提示阔筋膜张肌、臀肌挛缩；弹响试验：患者侧卧位，将上方肢体尽量内收，并屈髋、屈膝，大转子部出现弹响为阳性，多见于臀肌挛缩症；“二郎腿”征：患者坐位时，不能翘“二郎腿”为阳性，多见于髂胫束痉挛、臀肌挛缩症；双膝交叉试验：患者仰卧，双髋、双膝中立位，正常时双下肢可内收至双小腿交叉，双膝关节重叠，不能完成为阳性，多见于臀肌挛缩症。

3.骶髂关节检查　床边（Gaenslen）试验：患者仰卧，双手抱健侧膝关节屈髋、膝关节，患侧大腿垂于床沿外，检查者一手按住健侧膝部，一手按压患侧膝关节使大腿后伸，骶髂关节出现疼痛为阳性；Yeoman 征：患者俯卧，检查者一手按在骶部，一手握患侧踝部屈患膝 90 度上提，使该侧髋关节极度后伸，如果骶髂关节出现疼痛，提示骶髂关节疾患，如果髋关节出现疼痛，则提示髋关节疾患；4 字（FABERE / Patrick’s）试验：患者仰卧，一侧足跟置于对侧膝部上方，接受检查的髋关节屈曲、外展和外旋。检查者一手固定患者骨盆，一手下压屈曲的膝关节，以伸展其髋关节。如引起对侧骶髂关节或同侧腹股沟或髋部疼痛为阳性。对应疼痛部位提示为骶髂关节功能障碍或髋关节病变；骶髂关节分离试验：患者仰卧，检查者双手放置于患者双侧、髂嵴的前外侧，双手向中线压迫骨盆，出现骶髂关节处疼痛为阳性；髂骨压迫试验：患者侧卧，检查者双手置于上方髂骨翼上向下施加压力，诱发疼痛为阳性，提示存在骶髂关节病变或髂骨翼骨折；Erichsen 试验：检查者双手放于骶骨后方，向中心部位施加压力，诱发骶髂关节处疼痛为阳性，提示病变位置在骶髂关节而不是髋关节，对于病变等定位比较有意义；膝肩试验（斜扳试验）：患者仰卧，检查者一手按住患侧肩部，一手将患侧髋、膝完全屈曲，并将膝关节向对侧按压，骶髂关节出现疼痛为阳性；Neri 征：患者站立时向前弯腰，引起患侧膝关节屈曲为阳性，主要见于腰骶及骶髂关节疾患。

五、运动员常见损伤及表现

骶髂关节扭伤　骶髂关节扭伤是因外力作用使该关节周围韧带被牵拉而引起的损伤，严重时可由于韧带松动而引起关节移位及脱位，出现程度不同的疼痛。本症多呈急性发作，症状严重者常无法站立，甚至卧床不敢移动。急性发作期在下腰部一侧可出现疼痛，大多较为严重，可放射至臀部或腹股沟区，但一般不会放射到坐骨神经的小腿分布区。

（童娟、陈根编写、汪永利编审）